@

Planet@ 3
Libro del alumno

Matilde Cerrolaza - Óscar Cerrolaza - Begoña Llovet

Versión Mercosur
Claudia Jacobi
Enrique Melone

edelsa
GRUPO DIDASCALIA, S.A.
Plaza Ciudad de Salta, 3 - 28043 MADRID - (ESPAÑA)
TEL.: (34) 914.165.511 - FAX: (34) 914.165.411

@

Primera edición: 2000.

© Matilde Cerrolaza - Óscar Cerrolaza - Begoña Llovet
© Claudia Jacobi - Enrique Melone (Versión Mercosur: págs. 149 a 165)
© Edelsa Grupo Didascalia, S.A. Madrid, 2000.

Dirección y coordinación editorial: Departamento de Edición de Edelsa.
Diseño de cubierta, maquetación y fotocomposición: Departamento de Imagen de Edelsa.

Imprenta: Egedsa, S.A.
Encuadernación: Gómez Aparicio, S.A.

ISBN: 84.7711.266.5
Depósito legal: B-4599-2000
Impreso en España
Printed in Spain

Fuentes, créditos y agradecimientos

Documentos e imágenes

Fotografías y documentos:

• Altagracia Matías: pág. 129.
• Angelika Fritsche: pág. 55 (1).
• Autores de *Planet@*: págs. 7, 9 (1 y 2), 29, 30, 34 y 35, 44, 45 y 47 (1, 2, 3, 4), 54, 55 (3), 64, 70, 71 (2), 79, 82, 83, 93, 97, 99 (3), 100 (foto inferior), 109 (foto inferior), 114 (foto inferior), 120 (1, 3, 4, 5, 6), 121, 125, 126, 132, 134.
• Brotons: págs. 7, 60 y 61 (fondo paisaje: meseta castellana), 74 (2, 3, 4, 5, 6, 8, 9).
• Ciro Alegría: fotografía cedida por su hijo, Gonzalo Alegría (pág. 111).
• Consejo de Europa: Portfolio Europeo de Lenguas (parrilla de autoevaluación): págs. 12 y 13.
• Contifoto/Carrusan: págs. 10 y 59 (Manuel Vicent); • Sigma/Contifoto: págs. 10 y 109 (Julio Cortázar); • Contifoto: págs. 10 y 135 (Ángeles Mastretta).
• *El País*: pág. 124 (portada de *El País 20 años*)
• Iberdrola: pág. 67 (*La fuerza de la luz*).
• Julio Cortázar: *Instrucciones para subir una escalera* (pág. 108).
• María Sodore: pág. 33
• NASA: págs. 16, 42, 44 (zodíaco), 68, 92, 118.
• Ofiservice: pág. 80.
• Quino (*El País*): pág. 112.
• Raúl Pelechano: pág. 114 (foto superior).
• Secretaría de Turismo de la Nación Argentina (fondo paisaje: pampa argentina): págs. 7, 84 y 85.
• Seridec: págs. 17, 25, 28, 31, 44 (taza), 48, 50, 51, 52, 53, 62, 66, 73, 75, 93 (corte de tronco de árbol), 94, 95, 96, 98, 106, 115.
• Sonia Casado: págs. 119, 120 (2).
• *Training and Development Digest*: pág. 57.
• VEGAP: págs. 18 (*Marte* y La *Venus del espejo*, Diego Velázquez), 23 (1. *Las Meninas*, D. Velázquez; 2. *Las Meninas*, Pablo Picasso), 43 (1. *El pensador*, Auguste Rodin; 2. *Capricho*, Francisco de Goya).

Ilustraciones:
• Antonio Martín: págs. 6, 7, 123.
• David Patricio Prieto: pág. 138 (ilustraciones del cuento *Caperucita Roja*, de Editorial Antroposófica).
• Victoria Gutiérrez: págs. 22, 24, 38, 39, 49, 54, 58, 76, 88, 89, 98, 99, 102, 103, 142.

Glosarios:
Agradecemos la colaboración prestada en la realización de los glosarios al profesor Antonio Augusto Teixeira Goulart por el portugués; a la profesora Enrica Cova por el inglés; a los profesores Enrica Cova y Alessandro Forforelli por el italiano; y a la germanista Angelika Fritsche por la revisión del alemán, que ha sido realizado, junto con el francés, por el Equipo Edelsa.

Notas:
- La Editorial Edelsa ha solicitado los permisos de reproducción correspondientes y da las gracias a los particulares, empresas privadas y organismos públicos que han prestado su colaboración.
- Las imágenes y documentos no consignados más arriba pertenecen al Archivo y al Departamento de Imagen de Edelsa.

Para los habitantes de Planet@ 3

Actualmente se va instalando un nuevo concepto pedagógico en el ámbito de la enseñanza de idiomas: tomando como base el enfoque comunicativo, acoge nuevos impulsos procedentes de la revalorización del sujeto-aprendiz, del reconocimiento de la dimensión psicológica y emocional del aprendizaje y de la pedagogía de lo positivo; por otra parte, partiendo del enfoque por tareas, desarrolla estrategias de aprendizaje con el objetivo de aprender para hacer.

En este marco ecléctico nace **Planet@**, un nuevo manual de Español como Lengua Extranjera dirigido a adultos y adolescentes, que es el resultado de numerosos años de experiencia docente en distintas instituciones y escuelas, tanto oficiales como privadas, tanto en cursos de inmersión en España, como en cursos extensivos en el extranjero. Y, desde luego, es el resultado de un afán continuo por aprender, por experimentar y por contribuir a una enseñanza profundamente humanística y efectiva.

Planet@ es un curso articulado en 4 niveles, cada uno de los cuales gira en torno a 5 unidades temáticas. Los temas elegidos permiten la adquisición de una comunicación auténtica y motivadora, estimulan y potencian el compromiso social y vital de l@s estudiantes, y dan como resultado no sólo la realización de actividades significativas en el aula, sino también la adquisición de una verdadera competencia intercultural.

ORGANIZACIÓN DE PLANET@ 3

5 Temas con **3 lecciones (Órbitas)** en cada uno de ellos: **15 lecciones en total**.

INTRODUCCIÓN AL TEMA
Dos páginas de sensibilización al tema con un documento auténtico de arranque, una actividad de aprendizaje y un mapa mental con los exponentes funcionales de la unidad.

ÓRBITA 1. Lenguaje coloquial. Esta **primera lección** presenta situaciones, muestras de lengua y explotación de exponentes funcionales. Sistematización activa de la gramática.
Práctica global 1. Actividad significativa, a modo de mini-tarea, resumen de la Órbita 1.

ÓRBITA 2. Lenguaje profesional. Esta **segunda lección** presenta situaciones, muestras de lengua y explotación de exponentes funcionales. Sistematización activa de la gramática.
Práctica global 2. Actividad significativa, a modo de mini-tarea, resumen de la Órbita 2.

TAREA FINAL. Se trata de una gran tarea, cierre de las **dos Órbitas** -o l**ecciones 1** y **2**- que se extiende a lo largo de varios Temas: los estudiantes deben crear una empresa o iniciativa. En cada Tema realizan una tarea que significa un paso adelante en la creación de tal empresa o iniciativa.

ÓRBITA 3. Ruta literaria. Esta **tercera lección** tiene dos secciones:
- *Taller de letras*, que tiene como objetivo principal desarrollar las destrezas lectora y escrita del/de la estudiante en el plano del lenguaje literario. El segundo objetivo es dar a conocer textos de la literatura en español, de diferentes géneros y autores/as. Los textos se entroncan con los objetivos funcionales del Tema, tienen una breve ficha biográfica del/de la autor/-a y sobre ellos se propone un trabajo activo de creación literaria.
- *Paisaje* -un reposo en el fluido del Tema- tiene como objetivo dar a conocer diferentes y variados paisajes de la ancha geografía hispana, no sólo en su sentido real sino sobre todo como paisajes del alma. También tiene como objetivo desarrollar las destrezas auditiva y lectora del/de la estudiante en el plano del lenguaje literario. Sobre el fondo de una imagen sugerente y representativa del paisaje, se presentan textos elegidos para reflejar la influencia del paisaje en el carácter o en el espíritu de las personas que lo habitan. Generalmente, el paisaje pertenece al mismo ámbito geográfico del texto de Taller de Letras.

RECUERDA (con el corazón y con la cabeza).
Dos páginas de recapitulación de la unidad, teniendo en cuenta los modos fundamentales de procesamiento de nuestro cerebro.

EN AUTONOMÍA
Cuatro páginas de práctica controlada de todos los contenidos de la unidad para los/as estudiantes que precisan un refuerzo en su aprendizaje.

¡Bienvenid@s a Planet@ 3!

Los autores

La **Versión Mercosur** (págs. 149-165) atiende a variantes iberoamericanas, ya que trata no sólo diferencias del español hablado en España y en Hispanoamérica, sino también aspectos contrastivos entre el español y el portugués.
Los autores de la **Versión Mercosur**, siguiendo cada uno de los Temas de **Planet@** 3, presentan las cuestiones que consideran de mayor interés mediante adaptaciones de diálogos y teoría y práctica de la lengua, sobre todo en el campo de la morfología y el léxico y, principalmente, en referencia a Argentina y Brasil.

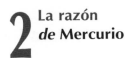

tema:

1 Los sentimientos de Venus
2 La razón de Mercurio

órbita 1 — Lenguaje coloquial

Columna 1 — Los sentimientos de Venus

Funciones
Hablar de sentimientos: *Me encanta que…/ Odio que…/No soporto que…*
Describirse a uno/a mismo/a y describir a otros/as: *Parezco… pero en realidad soy…*
Comparar: *Es el más alto de todos.*

Gramática
Expresión de sentimiento con presente de subjuntivo.
Usos de "ser" y "estar".
Más que, más de.

Práctica global
Hablar de las relaciones con los/as compañeros/as de clase. Mostrar malestar por el comportamiento de alguien y justificarlo. Escribir una nota reflejando sus sentimientos.

Columna 2 — La razón de Mercurio

Funciones
Expresar la opinión propia: *Creo que…/ En mi opinión…/ Me parece que…*
Reaccionar ante la opinión de otros/as, expresar acuerdo y desacuerdo: *Vale/(Estoy) de acuerdo/Yo lo veo como tú,* etc.
Valorar opiniones: *Es verdad/Qué tontería/Me parece fatal,* etc.

Gramática
Oraciones subordinadas de opinión con indicativo o subjuntivo.
Morfología y uso del perfecto de subjuntivo.

Práctica global
Desarrollar un debate a partir de unos supuestos y de unos roles fijados. Llegar a un acuerdo.

órbita 2 — Lenguaje profesional

Columna 1 — Los sentimientos de Venus

Funciones
Hablar de la experiencia profesional y de la formación. Explicar un currículum. Referirse a personas y objetos especificando sus características: *Busco un… que…/ Necesito un… que…/ Tengo un… que…/ Se requiere, se necesita, se busca un… que…*

Gramática
El pronombre relativo.
Oraciones de relativo con indicativo o subjuntivo.

Práctica global
Escribir un anuncio de trabajo en el que se solicitan unas características especiales para el puesto ofrecido.

Columna 2 — La razón de Mercurio

Funciones
Hacer hipótesis: *Tendrá 20 años./ Es posible que…/Probablemente…*

Gramática
Morfología y uso del futuro simple y compuesto.
Oraciones subordinadas de hipótesis con indicativo o subjuntivo.

Práctica global
Desarrollo de la destreza lectora: lectura de un pequeño texto.
Desarrollo de la destreza escrita: hacer hipótesis sobre la vida de una persona.

tarea final

Columna 1 — Los sentimientos de Venus

Escribir el currículum y leer todos los currículos de la clase. Decidir qué departamentos y secciones tiene la institución que quieren crear y decidir qué estudiante se acopla mejor al cargo teniendo en cuenta su currículum.

Columna 2 — La razón de Mercurio

Discusión sobre la estructura de la organización creada para llevar a cabo el proyecto final.
Toma de decisiones de tipo de estructura y de cargos de la institución.

órbita 3 — Ruta literaria

Columna 1 — Los sentimientos de Venus

Taller de letras
Desarrollo de la destreza lectora: comprensión de un poema de Nicolás Guillén: *No sé por qué piensas tú.*
Comprensión auditiva: poema recitado por el autor y versión musical del mismo poema.
Desarrollo de la destreza escrita: confección de un poema con las características del poema anterior.

Paisaje: isla
Descripción del concepto de isla.
Conocimiento de algunas islas importantes del mundo hispano.
Comprensión auditiva: canción de Pablo Milanés, *Amo esta isla.*

Columna 2 — La razón de Mercurio

Taller de letras
Desarrollo de la destreza lectora: comprensión de un texto de Manuel Vicent: *Semáforo.*
Comprensión auditiva: versión musical del texto de Vicent.
Desarrollo de la destreza escrita: confección de un texto con las características de la propuesta anterior.

Paisaje: meseta
Descripción del concepto de meseta.
Conocimiento de la importancia de la meseta castellana en la literatura española.
Comprensión lectora: textos de la Generación del 98 sobre la meseta. Azorín y Unamuno.

Recuerda

Columna 1 — Los sentimientos de Venus

Ejercicio de toma de conciencia de la actividad de cada hemisferio cerebral. Relación entre la música y los sentimientos.
Recapitulación de los contenidos léxicos, gramaticales y funcionales.

Columna 2 — La razón de Mercurio

Hacer una descripción iconográfica y personal de uno/a mismo/a. Identificar mediante hipótesis la personalidad de los/as compañeros/as de clase.
Recapitulación de los contenidos léxicos, gramaticales y funcionales.

En autonomía

Ejercicios individuales de repaso y profundización

Versión Mercosur: variantes

3 Las creencias *de* Júpiter

Funciones
Pedir consejo: *¿Tú qué crees que es mejor…?/¿Tú qué harías?*
Justificar la petición de un consejo.
Dar consejo: *Yo, en tu lugar…/ Yo que tú…/ Yo…/ Te aconsejo que…/Es mejor que...*

Gramática
Morfología y usos del condicional.
Oraciones subordinadas de consejo con indicativo o subjuntivo.

Práctica global
Desarrollo de la destreza auditiva: texto descriptivo de algunas ciudades turísticas españolas.
Desarrollo de la destreza escrita: escribir una carta a un/-a amigo/a aconsejándole qué visitar en España.

Funciones
Expresar consejo poniéndose en el lugar de la otra persona: *Si yo fuera usted…/ Si yo estuviera en tu lugar...*
Hablar de las condiciones: *Si tuviera tiempo, haría más deporte.*

Gramática
Morfología del imperfecto de subjuntivo.
La oración condicional con "si".

Práctica global
Pedir y dar consejo sobre la vida laboral y personal tomando un rol determinado.

Decidir la infraestructura de la institución. Debatir y llegar a acuerdos sobre la distribución de presupuestos y los gastos de la institución. Hablar de las consecuencias de ciertas decisiones.

Taller de letras
Desarrollo de la destreza lectora: comprensión de un poema de Nadine Stair y de uno de Borges.
Desarrollo de la destreza escrita: confección de un texto con las características de los anteriores.

Paisaje: pampa
Descripción del concepto de pampa.
Conocimiento de la pampa argentina.
Comprensión auditiva: Tango *Adiós, Pampa mía.*
Desarrollo de la destreza lectora: texto de *Don Segundo Sombra.*

Actividad de asociación de los/as estudiantes con paisajes, objetos, etc., a partir de las características personales.
Recapitulación de los contenidos léxicos, gramaticales y funcionales.

4 La voluntad *de* Marte

Funciones
Hablar del futuro: *No sé si iré.*
Hablar de las condiciones para que suceda algo en el futuro.
Hablar del momento en el que algo va a suceder: *Cuando sea mayor…/En cuanto sepa…*

Gramática
Usos del tiempo futuro.
Oraciones temporales con indicativo o subjuntivo para hablar del presente o del futuro.

Práctica global
Discusión: qué es importante hacer en la vida.
Hablar de la experiencia y de las actividades realizadas.

Funciones
Expresar finalidad.
Expresar involuntariedad: *Se me ha olvidado/Se me ha caído*, etc.
Reclamar: *No puede ser que…, quiero reclamar que…, ya está bien.*

Gramática
Oraciones finales.
"Se" para expresar la involuntariedad.
Expresiones subordinadas de protesta con subjuntivo.

Práctica global
Escuchar una canción de Serrat, *A quien corresponda.*
Escribir una reclamación.

Hacer una planificación de objetivos y actuaciones a corto, medio y largo plazo. Justificar los proyectos.

Taller de letras
Desarrollo de la destreza lectora: texto de Julio Cortázar: *Instrucciones para subir una escalera.*
Desarrollo de la destreza escrita: escribir un texto al modo de *Instrucciones para…*

Paisaje: cordillera
Descripción de una cordillera.
Desarrollo de la destreza lectora: texto de *El mundo es ancho y ajeno.*
Sensibilización hacia la lengua y culturas andinas: audición de *El cóndor pasa* y de *Hermanochay*, canción quechua.

Verbalizar una situación presentada en una imagen.
Recapitulación de los contenidos léxicos, gramaticales y funcionales.
Ejercicios de repaso.

5 La experiencia *de la* Tierra

Funciones
Relatar en pasado.
Organizar el pasado.
Hablar de acciones anteriores a otras también pasadas.

Gramática
Morfología y usos del pluscuamperfecto de indicativo.

Práctica global
Relacionar los datos más importantes del país de cada estudiante con su vida.
Relacionar la vida de los estudiantes.

Funciones
Transmitir las palabras de otro/a.
Dar recados.
Referirse a las palabras de otro/a.

Gramática
Usos del imperfecto de subjuntivo.
El estilo indirecto.

Práctica global
Escuchar llamadas telefónicas y transmitir recados.

Memoria de la empresa, trayectoria, etc.

Taller de letras
Desarrollo de la destreza lectora: extracto de cuento de Ángeles Mastretta.
Desarrollo de la destreza escrita: escribir un texto sobre cómo conoció a su mejor amigo/a.

Paisaje: volcán
Descripción de un volcán.
Desarrollo de la destreza lectora: comprensión de la leyenda de la creación de los volcanes.
Desarrollo de la destreza escrita: contar una leyenda.
Comprensión auditiva: *México.*

Comprensión auditiva: Cuento de *Caperucita Roja.*
Representación y verbalización del cuento de *Caperucita Roja.*
Recapitulación de los contenidos léxicos, gramaticales y funcionales.
Ejercicios de repaso.

sobre los contenidos de cada tema.

pue

1. EL MUNDO DEL ESPAÑOL:
Diferentes paisajes de una lengua

Bienvenid@ a los paisajes de nuestro planet@.

1. ¿Conoces estos paisajes? ¿Puedes situarlos en el mapa? ¿Sabes algo de ellos?

LA HABANA

STO. DOMINGO

MÉXICO

SAN JUAN

TEGUCIGALPA

SAN JOSÉ

GUATEMALA

CARACAS

S. SALVADOR

PANAMÁ

MANAGUA

BOGOTÁ

QUITO

LIMA

LA PAZ

ASUNCIÓN

MONTEVIDEO

SANTIAGO

BUENOS AIRES

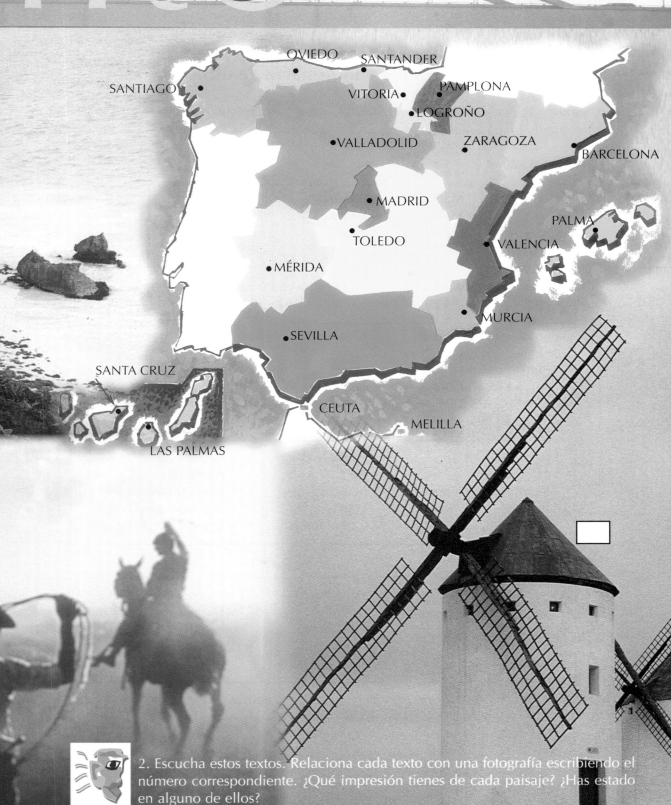

OVIEDO ·   SANTANDER ·

SANTIAGO ·

VITORIA ·   PAMPLONA ·

· LOGROÑO

· VALLADOLID   ZARAGOZA ·

· BARCELONA

· MADRID

· PALMA

· TOLEDO   · VALENCIA

· MÉRIDA

· MURCIA

· SEVILLA

SANTA CRUZ ·

CEUTA

MELILLA

LAS PALMAS

2. Escucha estos textos. Relaciona cada texto con una fotografía escribiendo el número correspondiente. ¿Qué impresión tienes de cada paisaje? ¿Has estado en alguno de ellos?

2. TÚ Y EL ESPAÑOL:
Dar información personal e informarse de otros/as

1. Vamos a hacer una presentación de todos/as los/as participantes de la clase. Antes vamos a prepararla. Si lo deseas puedes adoptar una identidad hispana en tus clases de español.

• Elige un nombre:

Begoña	Matilde	Federica	Pilar
Ana	Mercedes	Estrella	María del Mar
Óscar	Rafael	Juan	Pepe
Paco	Moncho	Jesús	Ángel

• Ahora tienes que escoger dos apellidos porque, como ya sabes, en el mundo hispano tenemos dos apellidos; normalmente primero el del padre y, después, el de la madre.

Barquero	Aragón	Toro
Jiménez	Galindo	Zorro
Aguirre	Del Amo	Martín
Fernández	García	Poch

• Elige una profesión:

Cantante de rock	Panadero/a	Jardinero/a
Fotógrafo/a	Agricultor/-a	Amo/a de casa
Bailarín/-a de tangos	Mariachi	Guía turístico/a
Torero/a	Funcionario/a	Profesor/-a
Espía	Camarero/a	Director/-a de banco

• Elige de dónde eres:

Managua	La Habana	Montevideo
Santiago de Compostela	La Paz	Granada
Cuzco	Córdoba	San Juan de Puerto Rico
Tegucigalpa	Antigua	San Bartolomé de las Casas
Madrid	Santo Domingo	Barcelona

• Explica cómo es tu carácter. Aquí tienes algunos adjetivos. Elige otros si quieres.

agradable	simpático/a	extrovertido/a
sociable	comunicativo/a	cariñoso/a
paciente	trabajador/-a	abierto/a
activo/a	sensible	inteligente
alegre	aventurero/a	generoso/a

• Explica cómo son tus relaciones con otras personas. Aquí tienes algunas expresiones que pueden ayudarte.

> Me llevo bien con…   Me cae bien…
> Me gusta…   Me molesta…

• Ahora haz una presentación a la clase: cómo te llamas, cómo eres, etc.

2. Luego piensa en los tres mejores momentos de tu vida. ¿Qué hiciste?, ¿qué te pasó? Piensa también en la situación en que ocurrió todo eso: ¿dónde estabas?, ¿qué hacías?, etc. Haz una representación de esos tres momentos: para ello puedes hacer unos dibujos, representar un símbolo, escribir unas palabras…

1

2

3

4

3. Antes hemos escuchado las presentaciones de tus compañeros/as. Elige ahora a uno/a, tal vez a la persona que consideras que te pareces menos. Vas a hablar con él/ella unos minutos. Cuéntale tus aficiones y tus gustos e infórmate de los suyos; cada pareja tiene que encontrar, al menos, tres gustos comunes.

Habla con él/ella también de datos de tu vida y de la suya: de la familia, de los/as amigos/as, de los viajes que has hecho o de las experiencias que has tenido. También tienes que encontrar tres cosas comunes con él/ella.
Preséntale tus tres momentos y escucha los suyos.

4. Por último nos presentamos a toda la clase: qué cosas tenemos en común. ¿Hay alguien más que coincide en los gustos, aficiones, experiencias, etc.?

3. LA CULTURA DEL ESPAÑOL

Aquí tienes las fotos de los/as cinco autores/as de la
literatura en lengua española que aparecen en *Planet@*
3. Puedes buscar sus datos en la Órbita 3 de los temas.

Ángeles Mastretta

Jorge Luis Borges

Manuel Vicent

Julio Cortázar

Nicolás Guillén

1. La clase se divide en cinco grupos y cada grupo escribe, poniendo en práctica todos los
conocimientos sobre el pasado, la biografía de uno/a de los/las autores/as.

* Jorge Luis Borges es un escritor argentino que nació en ....
* Manuel Vicent es un periodista y escritor español que ....
* Ángeles Mastretta es ....
* Julio Cortázar ....
* Nicolás Guillén ....

2. Aquí tienes algunos títulos de obras de estos/as autores/as. ¿De qué crees que tratan?
¿Conoces alguna? Coméntalo con tus compañeros/as.

Nicolás Guillén
Motivos del son (1930)
Sóngoro Cosongo (1931)
La paloma de vuelo popular (1958)

Julio Cortázar
Rayuela (1963)
Historias de cronopios y famas (1962)
El libro de Manuel (1973)

Manuel Vicent
Tranvía a la Malvarrosa (1998)
Son de mar (1999)
La balada de Caín (1986)

Jorge Luis Borges
El Aleph (1949)
Ficciones (1944)
El hacedor (1960)

Ángeles Mastretta
Arráncame la vida (1985)
Mujeres de ojos grandes (1991)
Mal de amores (1996)

3. Estos son los nombres de algunos/as escritores/as consagrados de la literatura en lengua española de todos los tiempos. ¿Conoces a alguno/a? ¿Qué sabes de él/ella? ¿Has leído alguna obra suya? Intercambia informaciones con tu compañero/a.

MIGUEL DE CERVANTES

ZOÉ VALDÉS

ERNESTO SÁBATO

SOR JUANA INÉS DE LA CRUZ

FEDERICO GARCÍA LORCA

OCTAVIO PAZ

EDUARDO GALEANO

ISABEL ALLENDE

RICARDO GÜIRALDES

GABRIEL GARCÍA MÁRQUEZ

MARIO BENEDETTI

HORACIO QUIROGA

ALFONSINA STORNI

LAURA ESQUIVEL

GUSTAVO ADOLFO BÉCQUER

MARIO VARGAS LLOSA

MIGUEL DE UNAMUNO

LOPE DE VEGA

CALDERÓN DE LA BARCA

CARMEN MARTÍN-GAITE

JAVIER MARÍAS

GABRIELA MISTRAL

CIRO ALEGRÍA

CAMILO JOSÉ CELA

MIGUEL DELIBES

PABLO NERUDA

Dossier

4. TÚ Y LA CLASE DE ESPAÑOL:
¿Cuáles son tus conocimientos de español?

El Consejo de Europa ha elaborado un documento llamado "Portfolio" Europeo de Lenguas. Este documento es un instrumento de información y un acompañante en el proceso de aprendizaje de una lengua. Uno de sus elementos es el Pasaporte Lingüístico. En él hacemos una autoevaluación de nuestros conocimientos de una lengua.
Vamos a utilizarlo.
Lee atentamente los diferentes apartados y haz una valoración de tus conocimientos del español.

		A1	A2	B1
Comprender		Soy capaz de reconocer expresiones familiares y cotidianas, así como frases muy sencillas, por ejemplo, instrucciones breves y fáciles, siempre que se hable despacio y de manera clara.	Soy capaz de entender frases aisladas y palabras de uso frecuente si, por ejemplo, se trata de información personal básica, sobre la familia, compras, y el entorno inmediato. Entiendo la información principal de mensajes breves y claros.	Soy capaz de comprender puntos esenciales cuando utiliza un lenguaje estándar claro sobre aspectos que son familiares referentes a trabajo, la escuela, el tiempo libre, etc. Soy capaz de comprender la información más importante de muchos programas de radio o televisión sobre acontecimientos de actualidad o sobre temas de interés o que se refieren a esfera profesional, siempre que se hable despacio y de manera clara.
		Soy capaz de comprender nombres que me resultan familiares y frases muy sencillas, por ejemplo en carteles, catálogos y pósters.	Soy capaz de leer un texto muy breve y sencillo y de identificar informaciones concretas y previsibles en textos cotidianos sencillos (por ejemplo, anuncios, folletos, menús, horarios); soy capaz de comprender una carta personal breve y sencilla.	Soy capaz de comprender un texto en el que se utiliza sobre todo un lenguaje corriente o profesional. Soy capaz de comprender la descripción de acontecimientos, sentimientos o deseos en una carta personal.
Hablar		Soy capaz de expresarme de manera sencilla, siempre que mi interlocutor/-a pueda repetir o reformular lo que intento decir. Soy capaz de plantear y de responder preguntas sencillas en situaciones de necesidad inmediata, o referentes a situaciones que me son muy familiares.	Soy capaz de comunicarme en situaciones sencillas y habituales que requieran un intercambio de información sencillo y directo y que se refieran a temas y actividades que me son familiares. Soy capaz de gestionar intercambios sociales muy breves, pero no comprendo lo suficiente para conducir personalmente la comunicación.	Soy capaz de manejarme la mayoría de las situaciones lingüísticas encontradas en viajes al extranjero. Soy capaz de participar sin prepararme en una conversación sobre algún tema que me resulte familiar o interesante (por ejemplo, la familia, mis intereses, el trabajo, viajes y los acontecimientos actuales).
		Soy capaz de utilizar expresiones y frases sencillas para describir a las personas que conozco y el lugar donde vivo.	Soy capaz de describir, en pocas frases y con la ayuda de medios sencillos, a mi familia, a las otras personas, mi formación, mi trabajo actual o la última actividad desarrollada.	Soy capaz de hablar utilizando frases sencillas y coherentes para describir experiencias, acontecimientos, sueños, esperanzas y objetivos, y dar las razones y las explicaciones referentes a mis opiniones y mis proyectos. Además soy capaz de contar el argumento de una película o de describir mis reacciones.
Escribir		Soy capaz de escribir una postal sencilla y breve enviando saludos desde las vacaciones. Soy capaz de rellenar un formulario como, por ejemplo, los de los hoteles, con mis datos (nombre, dirección, nacionalidad, etc.).	Soy capaz de escribir una nota o un mensaje corto y una carta personal sencilla, por ejemplo, para dar las gracias.	Soy capaz de escribir un texto sencillo y coherente sobre temas que me son familiares y cartas personales contando experiencias y describiendo impresiones.

AUTOEVALUACIÓN

(Puntuar cada apartado con A1, A2, B1, B2, C1 o C2)

Lengua española.

1. Comprensión auditiva: ☐

2. Expresión oral:

  2.1. Interacción oral: ☐

  2.2. Producción oral: ☐

3. Comprensión lectora: ☐

4. Expresión escrita: ☐

Valoración global: ☐

B2	C1	C2
oy capaz de seguir inter-enciones de una cierta lon-tud y una argumentación ompleja, siempre que los rgumentos me sean miliares. Soy capaz de omprender la mayor parte e los noticiarios y de los ocumentales televisivos. oy capaz de comprender la ayor parte de las películas, se habla un lenguaje stándar.	Soy capaz de seguir discur-sos y conversaciones de una cierta longitud aunque no estén estructuradas clara-mente y aunque las relacio-nes contextuales estén implícitas y no se expongan de una manera explícita. Soy capaz de comprender sin grandes dificultades un programa de televisión o una película.	No tengo ninguna dificultad para comprender la lengua hablada, tanto en vivo como en los medios de informa-ción, incluso cuando se habla rápido. Sólo necesito un poco de tiempo para acostumbrarme a un acento especial.
oy capaz de leer y enten-er un artículo o un reporta-e en el que los autores ostienen sus posturas o untos de vista. Soy capaz e entender un texto erario contemporáneo en rosa.	Soy capaz de entender tex-tos literarios y no literarios largos y complejos y percibir sus características estilísti-cas. Soy capaz de compren-der artículos especializados o instrucciones técnicas lar-gas, aunque no se refieran a mi campo especializado.	Soy capaz de comprender sin dificultad todos los tipos de textos escritos, incluso los abstractos o complejos desde el punto de vista del lenguaje y del contenido, por ejemplo, manuales, artículos especializados u obras literarias.
oy capaz de comunicarme on un grado de fluidez y spontaneidad capaces de ermitir una conversación ormal con un/-a interlocu-or/-a de lengua materna, n generar tensión en nin-una de las partes. Soy apaz de participar ctivamente en una iscusión y de exponer y ustificar mis opiniones.	Soy capaz de expresarme con fluidez y espontaneidad casi sin esfuerzo, sin tener que buscar a menudo las palabras de una manera evi-dente. Soy capaz de usar la lengua con eficacia y desen-voltura en la vida social, pro-fesional o en el ámbito de la formación. Soy capaz de expresar mis pensamientos y mis opiniones con precisión y de relacionar con habilidad mis intervenciones con las de los otros interlocutores.	Soy capaz de participar sin dificultad en cualquier conversación o discusión y estoy familiarizado/a con las expresiones idiomáticas y coloquialismos. Soy capaz de expresarme con fluidez y también de expresar con precisión matices sutiles de sentido, de volver sobre una dificultad y reformularla de manera tal que no se note.
oy capaz de hacer descrip-ones claras y detalladas obre diferentes temas ferentes a mi esfera perso-al de intereses. Soy capaz e explicar un punto de vista obre una cuestión de ctualidad, añadiendo las entajas e inconvenientes de s distintas opciones.	Soy capaz de presentar y discutir un tema complejo de manera elaborada, relacio-nando los puntos temáticos, exponiendo los diferentes aspectos, y de terminar mi intervención de manera adecuada.	Soy capaz de llevar a cabo sin dificultad exposiciones largas o desarrollar una argumentación larga, elabo-rar descripciones de manera lógica, llamar la atención de quien me escucha sobre los puntos más importantes y adaptar mi lenguaje al estilo de la situación y de quien me escucha.
oy capaz de escribir textos aros y detallados sobre umerosos argumentos rela-vos a la esfera de mis tereses y de reportar formaciones en un estudio o una relación o de xpresar pensamientos valuando sus pros y sus ontras. Soy capaz de scribir cartas personales y rmales destacando lo que importante.	Soy capaz de expresarme por escrito con claridad y de manera bien estructurada y de exponer detalladamente mis opiniones. Soy capaz de tratar un tema complejo en una carta, en un estudio o en un informe y de subrayar de manera adecuada los aspec-tos que considero esenciales. En mis textos escritos soy capaz de elegir el estilo que mejor se adapta a quien lee.	Soy capaz de escribir textos claros, fluidos y estilística-mente adecuados a cualquier situación. Soy capaz de escribir una carta exigente, un informe largo o un artículo sobre cuestiones complejas, y de estructurarlos con la claridad necesaria para que quien lo lea comprenda los puntos relevantes. Soy capaz de resumir y criticar por escrito textos literarios y no literarios.

Comenta los resultados de tu autoevaluación con tu compañero/a. Después, junto con él/ella, haz una lista de los objetivos que te has planteado para este curso. Discútelo con toda la clase.

Después, comparamos nuestros objetivos con los que nos presente el/la profesor/-a. Es una opor-tunidad única para nego-ciar los contenidos del curso. En este proceso se puede constatar si el curso significará un ascenso en la escala de habilidades propuesta por el Portfolio Europeo de Lenguas del Consejo de Europa.

5. TÚ Y ESTE CURSO DE ESPAÑOL:

En este curso queremos que seas capaz de realizar actividades significativas poniendo en práctica y movilizando todos los recursos que vas adquiriendo. Es un tipo de aprendizaje que está orientado a la realización de una tarea final.

En este tipo de actividad es fundamental la negociación continua de los contenidos, procedimientos y objetivos de la tarea con tus compañeros/as.

Aprender un idioma no es sólo un proceso secuencial; también se trata de aprender a interactuar en un nuevo sistema. Por eso te proponemos que a lo largo de *Planet@* 3 realices un proyecto con tus compañeros/as que dé sentido a todo el proceso de aprendizaje.

En consonancia con el compromiso vital de *Planet@* te proponemos que crees con tus compañeros/as una iniciativa, una empresa, una ONG, un equipo de......., una cooperativa de........, etc., que sirva para mejorar y salvar el planeta en determinados aspectos.

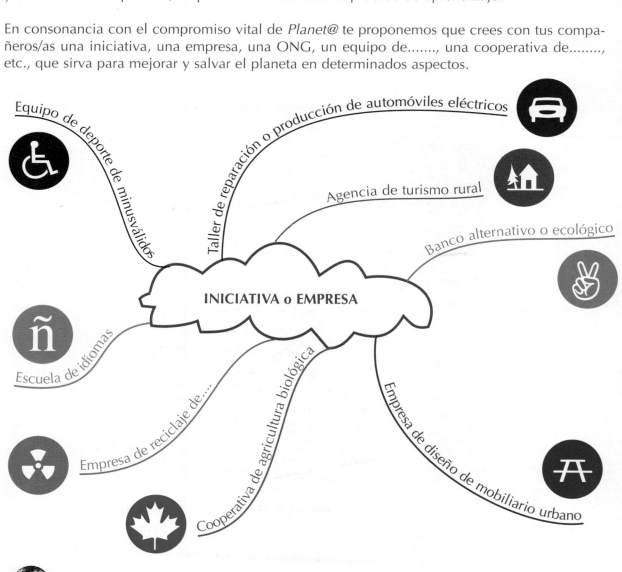

Los pasos que te vamos a proponer van a ser los siguientes:

PASOS

PASO 1	DEFINICIÓN DE LA INICIATIVA, INSTITUCIÓN O EMPRESA.
PASO 2	DEFINICIÓN Y BÚSQUEDA DE LOS RECURSOS HUMANOS.
PASO 3	ORGANIZACIÓN DE LA INICIATIVA.
PASO 4	PRESUPUESTOS E INFRAESTRUCTURAS.
PASO 5	OBJETIVOS Y PROYECTOS.
PASO 6	MEMORIA DE LA EMPRESA.

¡Manos a la obra!

TAREA

La clase se divide en varios grupos. Cada grupo debe intercambiar opiniones y proponer qué institución o iniciativa quiere crear. El proceso de negociación debe incluir argumentos, ejemplos, casos concretos, etc. Una vez que cada grupo esté de acuerdo, se presentan las diferentes propuestas. La clase, en pleno, debe decidir qué proyecto es el más interesante realizar a lo largo de los cinco temas del libro.

El siguiente paso es darle nombre a la empresa y pensar cuál será la representación gráfica (logo) del nombre, así como su subtítulo o su lema.

¡Buena suerte!

tema 1
Los sentimientos
de Venus

El planeta Venus es uno de los más próximos a la Tierra. Se lo relaciona con la sensualidad, la belleza, el amor, la atracción física y el sentido de los colores. En la mitología romana, Venus, asociada a la Afrodita griega, era la diosa de la hermosura y el amor.

Versión Mercosur págs. 150-152

Vas a aprender a...

Comparar a personas
- Tú sí que...
- Eres el/la más... de...

Hablar de sentimientos
- Me alegro de...
- ¡Qué bien que...!
- Estoy muy contento/a de que...
- ¡Cuánto me alegro!
- ¡Qué alegría!
- Lo que más me gusta de... es...

Especificar los requisitos para un puesto de trabajo
- Se requiere una persona con...
- Se busca una persona que...

Referirse a personas y objetos por una característica
- Busco una persona que...
- Necesito un/-a secretario/a que...
- Tengo un/-a compañero/a que...

1. Relaciona los sentimientos con las expresiones de estas personas:

Temor

alegría

AMOR

Enfado

ABURRIMIENTO

2. ¿Cómo están las personas de la actividad 1? Escríbelo debajo de la foto.
Por ejemplo: Está enfadado/a.

3. ¿Y tú? ¿Conoces otros estados de ánimo o sentimientos? Ponte en círculo con tus compañeros/as y expresa con tu cara y tu cuerpo un sentimiento o estado de ánimo. Los/as demás lo adivinan.

1. Aquí tienes el título de un libro escrito por el psicólogo John Gray. ¿De qué crees que trata?

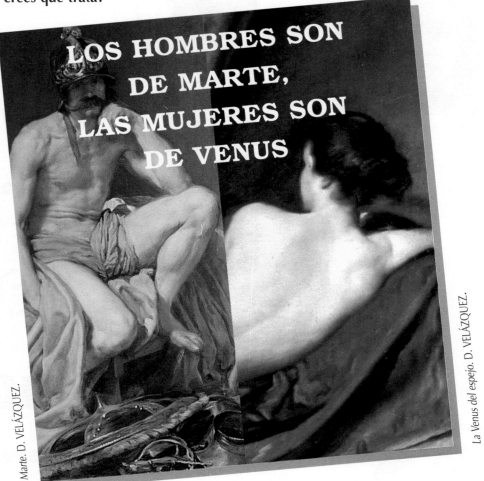

Marte. D. VELÁZQUEZ.

La Venus del espejo. D. VELÁZQUEZ.

2. Escucha este fragmento del libro que habla sobre cómo comunicar sentimientos difíciles.

Marca Verdadero o Falso:

	V	F
1. Es difícil comunicarse cuando estamos contentos, satisfechos y felices.		
2. Cuando hay emociones negativas, perdemos nuestros sentimientos de confianza y cariño.		
3. La comunicación sin afecto no funciona.		
4. En estas situaciones, escribir en una carta nuestros sentimientos negativos es peor.		
5. Hay una técnica para solucionar estos problemas de comunicación.		

3. A continuación, te presentamos la técnica de lo que John Gray llama CARTA DE AMOR y los modelos para escribirla. Localiza en la carta los diferentes exponentes del esquema.

Ignacio se quedó dormido y se olvidó de llevar a su hija Nuria al dentista. Su mujer, María, se puso furiosa. Pero en lugar de discutir con él, se sentó y le escribió la siguiente carta de amor:

Una carta de amor

Fecha ....
Querido/a ....

Versión Mercosur, pág. 150

Escribo esta carta para compartir mis sentimientos contigo:

Ira: No me gusta (que)…
            Me frustra (que)…
            Estoy indignado/a porque…
            Me fastidia (que)…
            ¡Quiero que…!

Tristeza: Estoy decepcionado/a porque…
            Me entristece que…
            Me duele que…
            Es una lástima que…
            Cuánto me duele que…
            Quería que…

Temor: Estoy preocupado/a porque…
            Temo que…
            Me da miedo que…
            No quiero que…
            Necesito que…

Pesar: Me avergüenza…
            Lamento que…
            ¡Qué pena que…!

Amor: Me encanta que…
            Quiero que…
            Comprendo que…
            Te perdono que…
            Aprecio que…
            Te agradezco que…
            ¡Qué bien que…!
            ¡Qué alegría que…!
            ¡Cuánto me alegro de que…!
            Sé que…
            Lo que más me gusta de ti es que…

P.D.: La respuesta que deseo que me des:
....

Querido Ignacio: Santander, 10 - 2 - 2001

Ira: Me pone furiosa que te hayas olvidado. Me indigna que te eches la siesta y te olvides las cosas. Estoy cansada de tener que ser yo la responsable de todo.

Tristeza: Me entristece que Nuria no haya ido a la cita con el dentista. Me deprime que tengas que trabajar tanto y por eso estés tan cansado. Me duele que no me dediques más tiempo.

Temor: Me da miedo confiar en ti. Me temo que te da igual todo. Necesito que me ayudes. Creo que trabajas demasiado y no quiero que te pongas enfermo.

Pesar: Lamento que llegues tarde a las citas y también lamento ser tan exigente. Me avergüenza no ser más afectuosa.

Amor: Te quiero. Comprendo que estés cansado. Sé que haces cuanto puedes. Gracias por fijar otra cita con el dentista. Sé que me quieres. Con amor,

                                              María

P.D.: Contéstame porque necesito saber si vas a responsabilizarte de llevar a Nuria al dentista.

Observa

EXPRESAR GUSTO, AGRADECIMIENTO Y ALEGRÍA

Me encanta...
Me gusta que...
Lo que más me gusta de... es que...
Agradezco...
Gracias por...
Me alegro de...
¡Qué bien que...!
Estoy muy contento/a de...
¡Cuánto me alegro!
¡Qué alegría!

EXPRESAR MIEDO, TEMOR, EXTRAÑEZA Y PREOCUPACIÓN

Tengo miedo de...
Me da miedo...
Temo...
Me extraña...
¡Qué raro que...!
Me preocupa...
Estoy preocupado/a.

EXPRESAR TRISTEZA, PESAR Y DESAGRADO

Me entristece...
Me da pena...
Lamento...
Me duele...
Me fastidia...
Me molesta...
Me avergüenza...
No soporto...
Odio...

EXPRESAR DECEPCIÓN, IRA Y ENFADO

Estoy decepcionado/a.
Estoy indignado/a.
Estoy enojado/a.
Me enfada...
Me pone de mal humor...
Me indigna...

Relaciona

4.

a. Mi mujer se ha olvidado de que hoy es nuestro aniversario.

b. He quedado con Juan a las 14:00. Son las 16:00 y todavía no ha llegado.

c. Ricardo llega la semana que viene para pasar unos días conmigo.

d. No sé dónde he puesto el libro que me prestó Joaquín.

e. Mi hijo no va bien en el colegio.

f. He conseguido una beca para estudiar en Paraguay.

g. Me has hecho un favor enorme.

h. El otro día me pusiste en ridículo.

1. ¡Me encanta poder estudiar allí!

2. Me duele que me trates así.

3. Estoy decepcionado.

4. Estoy preocupada.

5. Tengo miedo de que le haya pasado algo.

6. Gracias por ayudarme.

7. Estoy muy contenta.

8. Me avergüenza haberlo perdido.

5. Haz este test a tu compañero/a:

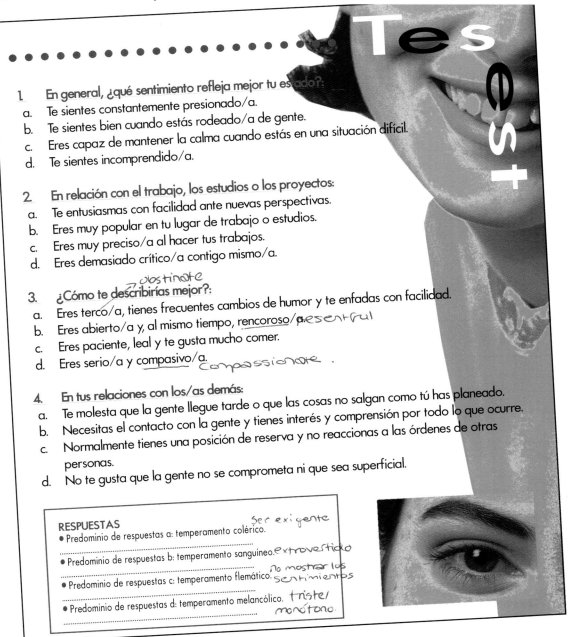

Test

1. En general, ¿qué sentimiento refleja mejor tu estado?:
   a. Te sientes constantemente presionado/a.
   b. Te sientes bien cuando estás rodeado/a de gente.
   c. Eres capaz de mantener la calma cuando estás en una situación difícil.
   d. Te sientes incomprendido/a.

2. En relación con el trabajo, los estudios o los proyectos:
   a. Te entusiasmas con facilidad ante nuevas perspectivas.
   b. Eres muy popular en tu lugar de trabajo o estudios.
   c. Eres muy preciso/a al hacer tus trabajos.
   d. Eres demasiado crítico/a contigo mismo/a.

3. ¿Cómo te describirías mejor?: *obstinate*
   a. Eres terco/a, tienes frecuentes cambios de humor y te enfadas con facilidad.
   b. Eres abierto/a y, al mismo tiempo, rencoroso/a. *resentful*
   c. Eres paciente, leal y te gusta mucho comer.
   d. Eres serio/a y compasivo/a. *compassionate*

4. En tus relaciones con los/as demás:
   a. Te molesta que la gente llegue tarde o que las cosas no salgan como tú has planeado.
   b. Necesitas el contacto con la gente y tienes interés y comprensión por todo lo que ocurre.
   c. Normalmente tienes una posición de reserva y no reaccionas a las órdenes de otras personas.
   d. No te gusta que la gente no se comprometa ni que sea superficial.

RESPUESTAS
- Predominio de respuestas a: temperamento colérico. *Ser exigente*
- Predominio de respuestas b: temperamento sanguíneo. *extrovertido*
- Predominio de respuestas c: temperamento flemático. *no mostrar los sentimientos*
- Predominio de respuestas d: temperamento melancólico. *triste/ monótono*

Ahora explica al resto del grupo qué temperamento tiene tu compañero/a: consulta las soluciones.

Ej.: Yo creo que Gerald es colérico porque se enfada muy a menudo.

6. Toda la clase nos ponemos en círculo. Cada estudiante mira a su compañero/a de la izquierda y le dice un piropo, qué es lo que más le gusta de esa persona. Se lo dice mirándole a los ojos.

Ejs.: Lo que más me gusta de ti es tu sonrisa.
Lo que más me gusta de ti es que eres muy amable.

7. **Juan tiene muchos problemas en el trabajo con su compañero Mario. Escucha lo que dicen.**

8. **Escucha otra vez y completa.**

> Mira, Mario, estoy muy enfadado contigo: me indigna ....,
> me indigna que .... y que .... más
> de una hora. Eres la persona más impuntual .... y siempre
> llegas más tarde .... Me fastidia .... y que
> nunca .... tiempo. Eres el más ocupado ....
> Me da miedo que .... y no podamos seguir trabajando
> juntos. Me deprime ....

9. **¿Te has fijado en cómo continúan las frases con expresiones de sentimiento?**

Me indigna + ...	**Me fastidia + ...**	**Me da miedo + ...**	**Me deprime + ...**

Observa

- Cuando hablamos de estados de ánimo o sentimientos, utilizamos una expresión de sentimiento que introduce un nombre, un infinitivo o una frase.

- Cuando reaccionamos ante lo que otra persona hace **normalmente**, utilizamos el presente de subjuntivo.

> *Me gusta que siempre me **sonrías** cuando me ves.*

- Pero, cuando reaccionamos ante lo que otra persona ha hecho en un momento dado, cercano, utilizamos el perfecto de subjuntivo.

> *Me gusta que me **hayas dado** un beso esta mañana.*

10. Completa la forma del perfecto de subjuntivo.

(Yo)	haya
(Tú)	hayas
(Usted, él/ella)	haya
(Nosotros/as)	hayamos
(Vosotros/as)	hayáis
(Ustedes, ellos/ellas)	hayan

} + sido - estado - hecho - dicho, etc.

11. Haz una lista de cosas que hacen normalmente tus compañeros/as de clase y que te gustan o te encantan. Escribe también cinco cosas que ha hecho alguien de la clase y que te han gustado o sorprendido favorablemente. Escríbelo en un papel y cuélgalo en las paredes sin poner tu nombre. Después toda la clase leerá los papeles e identificará al autor o a la autora de cada uno.

Ejs.: *Me gusta que Lara me haya prestado sus apuntes.*
Me encanta que mis compañeros participen en el debate.

Observa

Para comparar:

+ MÁS... QUE... / MENOS... QUE... –
= TAN... COMO...
+ EL MÁS/LA MÁS... DE... / EL MENOS/LA MENOS... DE... –

Eres la más puntual de toda la oficina.
Eres el más ocupado de todos mis colaboradores.

12. Estos dos cuadros son dos versiones del mismo tema. Uno está pintado por Velázquez y el otro por Picasso. Haz con tus compañeros/as diez comparaciones entre los dos cuadros y decide cuál te gusta más.

1

2

Las Meninas. D. VELÁZQUEZ.   *Las Meninas.* P. PICASSO.

13. Mira estos dibujos. Tú eres uno de los personajes, tu compañero/a el otro. Compárate con él/ella. Imagina qué cosas te molestan, preocupan, etc., de la otra persona. Díselo.

Por ejemplo: Me molesta que seas más desordenado/a que yo.

Práctica global 1

1. Imagina que estás enfadado/a con tu compañero/a por alguna de estas cosas. Léelas y elige una.

1. Tu compañero/a es muy distraído/a, siempre llega tarde, siempre se olvida las cosas en casa, nunca trae sus libros o diccionarios y utiliza los tuyos. A veces, cuando necesitas algo, lo tiene él/ella.
2. Tu compañero/a es muy hablador/-a y se pasa toda la clase contándote cosas. Tú no puedes prestar atención a lo que se está haciendo y, por eso, crees que no aprovechas lo suficiente la clase.
3. Tu compañero/a siempre quiere saber el significado exacto de cada palabra que aparece en clase. Te pide el diccionario constantemente, pregunta a tu profesor/-a, insiste en que quiere saber la traducción exacta.
4. Tu compañero/a es muy tímido/a y nunca quiere hablar español en clase. Cuando haces algún ejercicio en parejas, tienes que ser tú quien dé las respuestas. A veces es difícil practicar con él/ella.
5. A tu compañero/a le encanta hablar en clase. Es la persona que más habla y, a veces, es difícil para ti participar, porque él/ella siempre se adelanta a decir lo que piensa.

2. Ahora escríbele una nota, utilizando la técnica de la carta de amor, expresándole tu enfado y tus sentimientos sobre su comportamiento.

3. Tu compañero/a también te ha escrito una carta. Léela y contéstale/a.

órbita 2
LENGUAJE PROFESIONAL

1. Vamos a empezar a trabajar sobre el lenguaje profesional de un modo ligero, con un texto lleno de toques de humor. Alguien, a la búsqueda de trabajo, presenta su currículum y ofrece sus variados y originales servicios "multiprofesionales".

DEMANDA DE EMPLEO

Un cuatro de mayo apareció en la Sección de Anuncios por Palabras del Diario Palentino el siguiente anuncio:

Bachiller, con dos años de estudios de Filosofía Pura y Física Cuántica, se ofrece para cualquier clase de trabajo. Tengo experiencia como conductor de camellos por el desierto del Sáhara, aunque también tengo carnet de conducir de primera. He dado conciertos de clavicordio en las principales capitales de Europa, pero tengo más maestría en los bongos marroquíes, el birimbao brasileño y el gong japonés, instrumentos que he aprendido y practicado en sus países de origen. Ofrezco mis años de experiencia como cultivador biológico. Me encantan los niños y los ancianos, a los que he divertido durante tres años con mi circo ambulante de osos amaestrados en Canadá y Estados Unidos. Hablo sueco y suajili, además de francés, inglés y gallego. Me defiendo bien en mi lengua materna, el castellano, aunque a este paso se me va a olvidar si me veo obligado a emigrar de nuevo. Si a pesar de todo, no hay trabajo para mí en este país, me iré a donde me lleven los vientos. Disponibilidad inmediata y versatilidad asegurada. Telefonear a cualquier hora del día o de la noche, excepto de 15:00 a 17:00, la siesta es sagrada.

Dos días después fue contratado por una empresa de servicios ¡para redactar las ofertas y demandas de empleo!

(Texto adaptado de Alfonso Colodrón, Relatos de un minuto, *Ed. Arte y Locura, Madrid, 1993.)*

2. ¿Cuál es el perfil profesional de esta persona? Coméntalo con tus compañeros/as.

3. Cuando una persona aspira a un puesto de trabajo, tiene que presentar un *curriculum vitae.* El currículum tiene las siguientes partes:

DATOS PERSONALES (nombre, apellidos, dirección, teléfono, fecha y lugar de nacimiento)
DATOS ACADÉMICOS (títulos y estudios)
OTRA FORMACIÓN (cursillos, conocimientos variados...)
EXPERIENCIA LABORAL (ordenada desde el pasado hasta la actualidad)
IDIOMAS E INFORMÁTICA

Ahora, junto con tu compañero/a, haz una lista de los datos académicos, otra de la formación y conocimientos, otra de la experiencia laboral y otra de los idiomas suyos y tuyos. Los datos pueden ser reales o imaginarios.

Te damos algunos ejemplos del texto DEMANDA DE EMPLEO.

CURRÍCULUM

DATOS ACADÉMICOS:
Bachiller

....
....
....

OTRA FORMACIÓN
Conocimientos de cultivo biológico

....
....
....

EXPERIENCIA LABORAL
Conductor de camellos

....
....
....

IDIOMAS
Sueco, suajili, francés, inglés y gallego hablado

....
....
....

4. Aquí tienes cuatro ofertas de empleo. Decide con tus compañeros/as quién es el/la mejor candidato/a de la clase para cada uno de ellos.

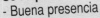

ESCUELA SUPERIOR DE GRAN PRESTIGIO

Busca
PROFESOR/-A DE FILOSOFÍA

Se precisa:
- *que posea titulación universitaria en Filosofía*
- *que domine el inglés y el alemán*
- *que tenga amplia experiencia en la enseñanza*

Se ofrece:
- *Incorporación inmediata*
- *Posibilidades de promoción*
- *Agradable ambiente de trabajo*

Sueldo a convenir.
- Interesados/as mandar currículum con fotografía.

 Escuela Superior de Filosofía Pura, calle José Ortega y Gasset, 22, 28014 Madrid.

EMPRESA LÍDER EN ALIMENTACIÓN BUSCA ASESOR/-A EXTERNO/A

Para implantar una nueva línea de productos.

- Buscamos una persona que posea conocimientos de agricultura.
- Esta persona será responsable de realizar informes sobre nuevas técnicas de cultivo que aseguren una gran calidad en nuestros alimentos.
- El/la candidato/a debe tener amplios conocimientos sobre el tema, disponibilidad para viajar, conocimiento de idiomas extranjeros, flexibilidad y capacidad de adaptación a diferentes situaciones.

Interesados/as llamar de lunes a viernes al teléfono 93 4567232 y preguntar por la Sra. Pebrot.

Observa

Referirse a personas especificando las características para realizar un trabajo:

Se precisa		con conocimientos de...
Se busca		con dominio de...
Se necesita		que debe tener...
Se requiere	+ una persona +	flexible, ordenada, seria...
Buscamos		con experiencia en...
Necesitamos		

 5. Escucha el siguiente diálogo entre el director y la jefa de personal de una empresa. Toma notas, haz una lista de sus necesidades y escribe el anuncio de oferta de empleo.

> GRAMÁTICA ACTIVA

6. Para realizar trabajos también es necesario disponer de objetos (máquinas, herramientas, etc.). Esto es lo que tiene Carmen en su despacho: escucha y completa.

Ficha técnica
ORDENADOR
Memoria
Sistema operativo .... RAM
Programas   WINDOWS ....
                   WORD ....
                   EXCEL ....
                   OUTLOOK
MÓDEM   .... BPS
IMPRESORA   b/n ☐ color ☐
                   hojas por minuto ...

TELÉFONO   ....
CONEXIÓN A INTERNET   SÍ ☐   NO ☐

7. Relaciona las herramientas que tiene Carmen y las que quiere.

Relaciona

Carmen tiene...

5 a. Un ordenador que tiene 32 MB de memoria RAM.
2 b. Un disco duro de 850 MB.
c. Dos líneas de teléfono, una interna y otra externa que también está conectada al módem.
6 d. Una impresora de agujas que imprime en blanco y negro 5 páginas por minuto.
3 e. Windows 95.
f. Word 95.
g. Un módem que funciona a 56.600 BPS.

Carmen quiere...

1. Un módem que funcione a 128.600 BPS.
2. Un ordenador que tenga 3,2 GB.
3. Windows 98.
4. Word 97.
5. Un ordenador que tenga 64 MB de memoria RAM.
6. Una impresora a chorro de tinta que imprima en color a más velocidad.
7. Una línea de teléfono que sea exclusiva para el módem.

un deseo

8. Redacta ahora las peticiones de Carmen a la empresa.

Tengo un módem que funciona a........, pero quiero uno que funcione a ....

> Para referirse a las características de una persona conocida o un objeto concreto:
> *Tengo un ordenador que* + INDICATIVO
> *Conozco a una persona que* + INDICATIVO
>
> Para referirse a las características que debe tener una persona o un objeto aún no conocidos:
> *Quiero un ordenador que* + SUBJUNTIVO
> *Necesito una persona que* + SUBJUNTIVO

9. Aquí tienes un ejemplo de las características que se le piden a una impresora:

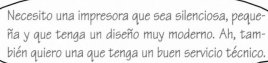

> Quiero una impresora que sea rápida, que gaste poca tinta y que tenga buena calidad de impresión.

1

> Yo busco una impresora que sea fácil de manejar, que admita varios tamaños de papel y que también pueda imprimir verticalmente.

2

> Necesito una impresora que sea silenciosa, pequeña y que tenga un diseño muy moderno. Ah, también quiero una que tenga un buen servicio técnico.

3

10. ¿Qué características debe tener tu ordenador ideal? Escribe junto con tu compañero/a un anuncio como el de la impresora, especificando sus características... y deja volar tu imaginación.

práctica global 2

1. Ahora que sabes especificar las características que debe tener una persona, y que conoces el currículum de tu compañero/a, escribe un anuncio de oferta de empleo que sea perfecto para él/ella.

- Primero imagina la empresa y describe cómo es, a qué se dedica, cuántas personas trabajan en ella, etc.
- Después imagina el puesto que necesitan cubrir.
- Por último, redacta el anuncio.

1. En las Tareas Finales de los temas restantes vamos a idear y crear una organización, institución o una empresa, como queramos. Vamos a decidir sus objetivos, su forma social y su estructura, su función y todos los aspectos relacionados con la fundación de una institución así.

Con tus compañeros y compañeras decide qué tipo de organización quieres crear:

Una iniciativa de...   Una empresa de...
Un equipo de...   Una ONG con el objetivo de...
Una cooperativa de...   Otro...

Aquí te proponemos algunas sugerencias:

Una central de reservas de Turismo Rural, una empresa de reciclaje de algún producto, un equipo de deporte de minusválidos, una cooperativa de agricultura biológica, un taller de reparación o producción de automóviles eléctricos, etc.

2. Una vez decidida la organización ha llegado la hora de empezar a buscar personas que realicen diferentes funciones.

Recupera el *curriculum vitae* que escribiste en la órbita 2. Adjúntale una carta personal de presentación en la que te describes a ti mismo/a, tus características personales, aficiones, cuáles son tus talentos más destacados, etc.

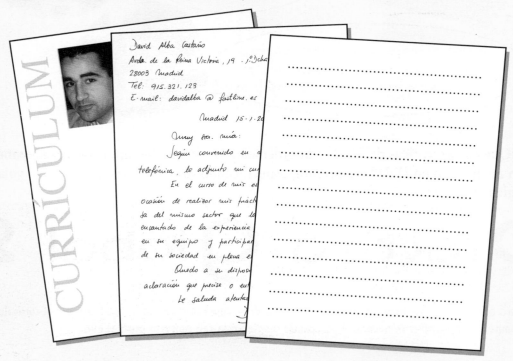

3. Ahora hay que decidir qué departamentos, secciones o grupos de trabajo son necesarios en esta organización. ¿Cuáles son los departamentos de la institución o entidad?

FINAL

Departamento de Recursos Humanos

Dirección General

Departamento de Ventas

Departamento de Contabilidad

4. Escribe con tu grupo una definición de los puestos y perfiles de trabajo que son necesarios para cubrir cada departamento. Puedes seguir las pautas de los anuncios de la órbita 2.

ESCUELA S
DE GRAN

Bu
PROFESOR/-A

Se precisa:
- que posea titu
Filosofía
- que domine el ing
- que tenga ampl
ñanza

Se ofrece:
- Incorporación in
- Posibilidades d
- Agradable amb

Sueldo a conve
- Interesados/a
con fotografía.

 Escuela Superior de Filosofía Pura,
calle José Ortega y Gasset, 22, 28014 Madrid.

EMPRESA SU
SECRET
para apertura de sucu

Se requiere:
- Buena presencia
- Don de gentes
- Dominio del entorno Windows
- Dominio del sueco y el español
- Estudios administrativos

Se ofrece:
- Sueldo elevado
- Dietas e incentivos
- Formación continua

Mandar *curriculum vitae* a: HUMANO,
Temporal, calle Mario Vargas Llosa,

5. Cada persona presenta a la clase su currículum y los leemos individualmente o por parejas. Ahora se inicia un debate para asignar los puestos a las personas adecuadas: ¿quién es mejor candidato/a para qué?

Para ayudarte

El/la más... de todos/as es...
La persona más... de la clase es...
X es más... que...

órbita 3
RUTA LITERARIA

taller de letras

Nicolás Guillén, poeta cubano.

1. Lee este poema.

No sé por qué piensas tú,
soldado, que te odio yo,
si somos la misma cosa,
yo,
tú.

Tú eres pobre, lo soy yo;
soy de abajo, lo eres tú:
¿de dónde has sacado tú,
soldado, que te odio yo?

Me duele que a veces tú
te olvides de quién soy yo;
caramba, si yo soy tú,
lo mismo que tú eres yo.
Pero no por eso yo
he de malquererte, tú:
si somos la misma cosa,
yo,
tú,
no sé por qué piensas tú,
soldado, que te odio yo.

Ya nos veremos yo y tú,
juntos en la misma calle,
hombro con hombro, tú y
yo,
sin odios ni yo ni tú,
pero sabiendo tú y yo,
a dónde vamos yo y tú…
No sé por qué piensas tú,
soldado, que te odio yo.

2. ¿Puedes ponerle un título?

3. ¿De qué crees que habla este poema?
¿Qué quiere decirle el autor al soldado?
¿Qué ideas o emociones te sugiere este
poema?

4. Transforma este texto poético en un
texto de prosa, por ejemplo, una carta.

Querido soldado:

No sé por qué piensas que yo te odio…

5. Vamos a escuchar esta poesía reci-
tada por el propio autor, y luego una
versión musical.

¿Crees que la versión musical refleja bien el
espíritu del texto?
¿Por qué?

6. Este poema es de Nicolás Guillén. Aquí
tienes algunos datos sobre él:

Nicolás Guillén

Nacido de familia mulata en Camagüey (Cuba), en 1904, empezó escribiendo poemas sobre el tema de la negritud; de ahí pasó al problema social de los/as negros/as y, posteriormente, a la situación política, económica y moral de su país y de América. A su poesía se la ha llamado social, proletaria, humana, rebelde. Murió en La Habana, en 1989.

Es el más notable de los poetas afrocubanos, para quien el tema de la negritud no es un desafío a lo europeo, sino la afirmación orgullosa de su pasado negro, el canto y la aceptación de lo africano y español en la cultura cubana.

La musicalidad y espontaneidad son dos de las características de su obra mediante las cuales capta las esencias populares. Obras: *Motivos del son, Sóngoro Cosongo y otros poemas, La paloma de vuelo popular, Elegías, El gran zoo,* y otras.

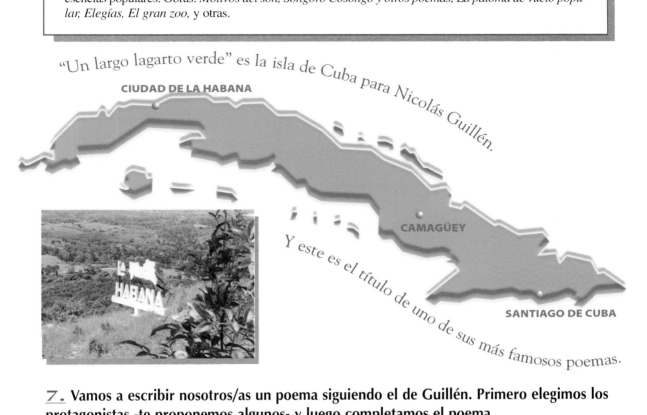

"Un largo lagarto verde" es la isla de Cuba para Nicolás Guillén.

CIUDAD DE LA HABANA

CAMAGÜEY

SANTIAGO DE CUBA

Y este es el título de uno de sus más famosos poemas.

7. **Vamos a escribir nosotros/as un poema siguiendo el de Guillén. Primero elegimos los protagonistas -te proponemos algunos- y luego completamos el poema.**

Hombre, mujer / Emigrante, anfitrión/-a / Blanco/a, negro/a / Profesor/-a, estudiante

Ahora completa tu poema, primero siguiendo el esquema y después, si quieres, en una versión más libre y personal.

No sé por qué piensas tú,
................, que te odio yo,
si somos la misma cosa,
yo,
tú.

Tú eres ...., lo soy yo;
soy ...., lo eres tú:
¿de dónde has sacado tú,
................, que te odio yo?

Me duele que ....
................................;
caramba, si yo soy tú,
lo mismo que tú eres yo.

Pero no por eso yo
he de malquererte, tú:
si somos la misma cosa,
yo,
tú,
no sé por qué piensas tú,
................, que te odio yo.

Ya nos veremos yo y tú,
juntos ....,
................, tú y
yo,
sin odios ni yo ni tú,
pero sabiendo tú y yo,
a dónde vamos yo y tú...
No sé por qué piensas tú,
................, que te odio yo.

RUTA LITERARIA

paisaje: isla

1. ¿Qué ideas asocias tú con "isla"?, ¿qué te sugiere la idea de "isla"?

2. Describe qué es una isla.

3. ¿Qué sensación te produciría o te produce vivir en una isla?: ¿aislamiento?, ¿libertad?

4. Compara la idea de "continente" con la idea de "isla".

isla

5. La isla, como Venus, surge del mar. La isla, como paisaje del alma, nos habla de lejanía, de misterio, de libertad, utopía y soledad.

En las islas se ubican nuestros sueños y nuestros deseos cobran vida. Los límites físicos, la ausencia de mapa, nos invitan a la transgresión. Los sentimientos improvisan la cotidianeidad, aparece el amor.

Cuba, como otras tantas islas, le habla al mar en español.

6. ¿Qué sabes sobre Cuba?

7. Aquí tienes una canción de Pablo Milanés, un cantautor que habla de su isla.

Amo esta isla (Pablo Milanés).

*Amo esta isla
soy del Caribe.
Jamás podría pisar tierra firme
porque me inhibe.*

*Amo esta isla
soy del Caribe.
Jamás podría pisar tierra firme
porque me inhibe.*

*No me hablen de continentes
que ya se han abarrotado,
usted mira a todos lados
y lo ve lleno de gente.
No es que tanto me moleste
pero pocos son de allí,
se fueron de allá, de aquí
y hoy arrastran esa pena
de sentirse entre cadenas
que es lo que me pasó a mí.*

*Amo esta isla
soy del Caribe.
Jamás podría pisar tierra firme
porque me inhibe.*

*Amo esta isla
soy del Caribe.
Jamás podría pisar tierra firme
porque me inhibe.*

*El que nació en el Caribe
goza de una facultad:
al sentir su libertad
se identifica y la vive.
Al cambiar al que lo inhibe
por su mar, por su palmera,
una eterna primavera o un sol
que nutre su piel,
va sintiendo que no es él
y pierde hasta su bandera.*

*Amo esta isla
soy del Caribe.
Jamás podría pisar tierra firme
porque me inhibe.*

T A R E A S

¿Qué crees que significa "tierra firme"?

¿Por qué crees que a Pablo Milanés pueda inhibirle pisar tierra firme?

¿Cómo define al continente?

¿Cómo es la gente del continente, según el autor?

¿Cómo es, en cambio, la gente del Caribe?

¿Cómo describe su isla?

¿A quién o qué crees que está cantando Pablo Milanés?

1. Escribe con la mano que normalmente usas (sea derecha o izquierda) cinco sentimientos que te provoca lo que otras personas hacen.
Ej.: Me encanta que me escriban cartas. ....

....

....

2. Escucha estas músicas y relaciona cada fragmento con un sentimiento. Aquí tienes algunos, pero también puedes buscar otros en tu diccionario.

1. ....
2. ....
3. ....
4. ....
5. ....   6. ....

Melancolía   Pasión   Serenidad
Nostalgia   Apatía
Desconcierto
Tristeza   Entusiasmo
Alegría

3. Ahora escribe con la otra mano cinco sentimientos que te provoca lo que otras personas hacen.

4. ¿Has escrito lo mismo con la mano derecha que con la mano izquierda? La mayoría de las personas escribe cosas diferentes con una mano que con otra. La explicación es muy sencilla: como sabrás, tenemos dos hemisferios cerebrales: el izquierdo, que se encarga de las actividades mentales más lógicas, racionales y analíticas, y el derecho, encargado de la creatividad, los sentimientos y la síntesis. Bueno, tal vez también sepas que el hemisferio derecho se encarga de la parte izquierda del cuerpo y el hemisferio izquierdo de la parte derecha. Algunos especialistas dicen que cuando escribimos algo con la mano derecha, estamos activando nuestro hemisferio izquierdo y, por eso, estamos presentando sentimientos sacados de nuestra razón. Cuando escribimos con la mano izquierda, estamos activando el hemisferio derecho y, por lo tanto, sacando los sentimientos de nuestra creatividad. ¿Coincide esta hipótesis con lo que has escrito?

EN ESTA UNIDAD HAS APRENDIDO:

VOCABULARIO:

- Sentimientos: *Alegría* ....
- Expresiones de sentimiento: *Me alegra* ....
- Objetos de una oficina: *Ordenador* ....
- Léxico de la informática: *Impresora de chorro de tinta* ....
- Ofertas de empleo: *Se precisa* ....

GRAMÁTICA: Recuerda la conjugación del perfecto de subjuntivo.

	HABLAR	LEER	ESCRIBIR
(Yo)			
(Tú)			
(Ud., él/ella)			
(Nosotros/as)			
(Vosotros/as)			
(Uds., ellos/ellas)			

Recuerda cuándo las expresiones de sentimiento van con: un sustantivo, un infinitivo, una oración con "que" + subjuntivo.

Recuerda cuándo utilizamos el subjuntivo para especificar características de una persona o un objeto.

CÓMO SE DICE:

Recuerda expresiones para:

- Hablar de sentimientos: *Me encanta que...*
- Comparar: *Eres el más listo de todos.*
- Referirse a personas u objetos especificando sus características: *Busco un carpintero que...*

En autonomía

 1. Lee este texto.

Página 1 de 1

09/04/00

De: demeter@lanet.es
Para: laura@lared.es <laura@lared. es>
Fecha: domingo 9 de abril de 2000 14:59

Querida hija:

Me escribes que estás pasando la mejor época de tu vida. La planta que te regalé por fin ha florecido y desde tu ventana ves la luna cada noche. A tu lado duerme la persona que amas. ¡Me alegro tanto de que seas feliz, de que hayas encontrado tu lugar! ¿Y por qué tienes miedo de que tanta felicidad desaparezca?

Escríbeme más. ¡Cómo me gusta que me cuentes tus cosas, que me consideres tu amiga…! Pero, por cierto, ¡no soporto que me escribas siempre por correo electrónico! Por favor, cómprate papel, pluma, sobre y sello… y hazme sufrir esperando tu carta…

Un beso de tu madre.

 2. Haz una lista de las expresiones de sentimientos que aparecen en la carta anterior. ¿Puedes ampliar la lista?

 3. Escucha estas frases y relaciónalas con las imágenes. Luego complétalas.

1. ¡Qué alegría que…!
2. ¡No soporto que…!
3. ¡Qué bien que…!
4. ¡Qué raro que…!
5. Me fastidia… .
6. ¡Qué bien que…!

3

c.

2

b.

1

a.

4

d.

1

2

e.

f.

4. Lee este correo electrónico de un paciente a su terapeuta:

01/08/00	Página 1 de 1

De: jcalderon@fastline.es
Para: segismundodelabarca@psique.es <segismundodelabarca@psique.es>
Fecha: martes 1 de agosto de 2000 23:10

Estimado Dr. Segismundo:
Después de su última carta, decidí cambiar una serie de cosas en mi vida y he hecho lo siguiente:
En primer lugar, he roto mis relaciones con Olga, ya que me he dado cuenta de que estaba muy domi-
nado por ella. Me ha resultado difícil, pero lo he conseguido y estoy muy satisfecho.
A continuación, he rescindido mi contrato de trabajo con Don Miguel, porque no podía pensar en otra
cosa… Ese trabajo me estaba quitando el sueño.
He intentado hablar con Pedro, mi antiguo jefe, pero no me he atrevido, porque todavía me da miedo
y me siento muy violento cuando estoy con él.
He decidido cambiar completamente de vida y estoy preparando mi traslado a otra ciudad, muy lejos de
aquí.
Así que, en general, me siento bastante mejor, aunque, con toda esta tensión, me encuentro cansado y
un poco en baja forma. Espero su opinión y sus consejos.

Reciba un cordial saludo.

Justo Calderón

5. Ahora eres el Dr. Segismundo. Escribe a esta persona otro correo electrónico expresándole tus sentimientos sobre lo que ha hecho:

05/08/00	Página 1 de 1

De: segismundodelabarca@psique.es <segismundodelabarca@psique.es>
Para: jcalderon@fastline.es
Fecha: sábado 5 de agosto de 2000 19:10

Estimado Sr. Calderón:
Me alegro de que haya roto su relación ....

En autonomía

6. Mira estas asociaciones.

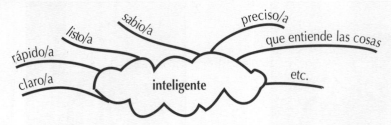

¿Puedes hacer otras parecidas con estas palabras?:

7. Relaciona.

a. Es muy rápida, entiende las cosas en seguida.

b. Ya he terminado. Ya puedo salir.

c. Cómo me gusta este libro: no puedo dejar de leer.

d. Sólo piensa en el dinero y en sí mismo.

e. ¿Qué te pasa?

f. Están todo el día peleándose.

g. Esto es un rollo. Me voy.

h. ¿Quedar con Julio? ¡Ay, no! Es una persona muy poco interesante.

1. Es lista.
2. Es una persona muy interesada.
3. Estoy muy violento, no voy vestido adecuadamente para esta fiesta.
4. Estoy aburrida.
5. Es muy aburrido.
6. Estoy listo.
7. Estoy muy interesado en el tema que trata.
8. Son muy violentos.

Ahora fíjate en el cambio de significado de "listo/a", "interesante", "violento/a", "aburrido/a", según van con "ser" o "estar".

8. Lee esta carta al director del periódico español *El País*.

CARTAS AL DIRECTOR

Retrato robot de un gobernante

Al estudiar la cultura de Grecia, leímos y debatimos las cualidades de Pericles como modelo de gobernante y político. Esto nos motivó para escribir a su periódico y enviarle un retrato del gobernante que nosotros deseamos.

Que se relacione con las personas intelectuales y sabias para ponerse al día.

Que no se deje comprar por dinero.
Que escuche a la gente del pueblo.
Que haga respetar los derechos de los ciudadanos.
Que cumpla sus promesas.
Que dé seguridad al pueblo.
Que imponga respeto pero que sea amistoso a la vez.
Que tenga saber y prudencia.
Que sea un demócrata auténtico.
Que no consienta que ni un solo ciudadano pase hambre.
Que respete y comprenda las posturas de todos los partidos.

Ignacio Martínez y 30 firmas más del sexto curso de Primaria del colegio Menéndez Pidal de Coslada, Madrid.

El País. *Cartas al director.*

9. Escribe una carta parecida sobre tu compañero/a de clase ideal.

10. Aquí tienes las ofertas de trabajo de una red de escuelas de idiomas. Compara las ofertas:

Tablón de ofertas

Profesores/as a tiempo parcial en Londres (Gran Bretaña).

-Licenciados/as en Filología con experiencia mínima de 500 horas de clase.
-Retribución: 2.500.000 ptas. netas anuales (15.025 euros).

Profesorado a tiempo completo en Manila (Filipinas).

- Licenciados/as en Filología Hispánica o con experiencia mínima de 200 horas de clase de español como lengua extranjera.
- Retribución: 3.000.000 ptas. (18.030 euros) brutas, al semestre.

Profesor/-a a tiempo completo en Ciudad del Cabo (Sudáfrica).

- Licenciado/a en una Filología o en otros estudios de Letras.
- Retribución: 4.200.000 ptas. (25.242 euros) brutas anuales.

Profesor/-a a tiempo completo en Praga (República Checa).

- Licenciado/a en Filología o similar.
- Retribución: 4.700.000 ptas. brutas anuales (28.247 euros).

La razón de Mercurio

El planeta Mercurio es el más próximo al Sol. Simboliza la mente, la inteligencia, la razón, todas nuestras capacidades cognitivas y modos de comunicación. En la mitología romana, identificado con el dios Hermes griego, Mercurio era el dios de la invención, de la elocuencia, de la astucia.

Versión Mercosur, págs. 153-154

Vas a aprender a...

Reaccionar ante la opinión de otros/as
- Expresar acuerdo
  - (Estoy totalmente) de acuerdo.
  - Yo lo veo como tú.
  - Es verdad, etc.
- Y desacuerdo
  - No estoy de acuerdo con...
  - A mí me parece que no, etc.

Expresar la opinión propia
- Creo que...
- En mi opinión...
- Me parece que...

Hacer hipótesis
- Seguramente...
- Tal vez...
- Es posible que...
- Probablemente...

Valorar opiniones
- ¡Qué tontería!
- Me parece fatal.
- Es una idea estupenda.
- Me parece muy bien, etc.

1

1. ¿Qué entiendes tú por razón? Escribe todas las palabras que se te ocurran relacionadas con razón. Coméntalo con toda la clase.

El pensador. A. RODIN.

2. ¿Qué crees que quiere decir la frase escrita en este *Capricho* del pintor español Goya?

2

Capricho. F. DE GOYA.

a. Cuando la razón está dormida, se nos ocurren barbaridades.
b. Los/as que sueñan o desean que la razón domine sobre todo, crean monstruos.
c. Sólo la razón puede dominar nuestro instinto animal.
d. Más allá de la razón sólo hay pesadillas y miedos.
e. La razón puede transformar todos nuestros pensamientos negativos.
f. La razón es capaz de solucionar los desastres que produce nuestra fantasía.
g. Otro: ....

¿Qué opinas tú?

3. ¿Con cuáles de estas ideas estás más de acuerdo?

☐ La cultura occidental se basa demasiado en la razón.

☐ Discutir es una actividad racional, pero a veces argumentamos basados en sentimientos o impresiones.

☐ No sólo somos cabeza, somos también corazón.

☐ La gente que vive en culturas menos intelectuales que la occidental es más feliz.

órbita 1
LENGUAJE COLOQUIAL

1. ¿Te gustaría conocer el futuro?

¿Has consultado alguna vez…

el tarot?

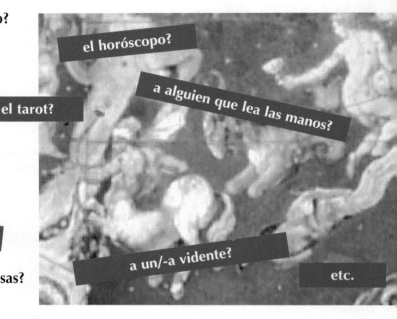

el horóscopo?

a alguien que lea las manos?

a un/-a vidente?

etc.

los posos del té o del café?

¿Qué piensas tú de todas estas cosas?

2. Escucha este diálogo entre Ana, Sara, Luis y Pedro.

3. A continuación tienes algunos de los puntos sobre los que opinan estas cuatro personas. Anota qué opiniones tienen sobre ellos.

1   2   3   4

ciencia   videntes   culturas no occidentales

¡Observa!

4. Lee este texto, que corresponde al diálogo anterior, y di con quién estás de acuerdo y en qué lo estás.

Versión Mercosur, pág. 153

¿Conocéis este libro? Es el *I Ching*, un libro que se puede utilizar para interpretar en qué momento estás, qué va a pasar... Es interesantísimo.

Yo, la verdad, estoy cada vez más sorprendida de la cantidad de gente que va a que le echen las cartas, a que le adivinen el futuro, a... no sé, cosas un poco esotéricas, ¿no?

Sí, es verdad. En la televisión hay varios programas en los que salen videntes.

Yo creo que lo que pasa es que estamos en una época en la que se ha perdido la confianza en la ciencia.

Hombre, yo no lo veo así. Yo tengo la impresión de que cada vez conocemos más cosas de otras culturas, qué sé yo, por ejemplo, de la cultura china, de la cultura india... Y eso me parece muy bien.

Sí, sí, es cierto, pero lo que te quiero decir es que hasta hace algunos años, sólo creíamos en la ciencia, en la razón, en lo empírico, y ahora se aceptan maneras de pensar que antes nos parecían supersticiones: la astrología, el tarot, el destino, las fuerzas de la naturaleza...

Pedro, ¿tú qué opinas?

No estoy de acuerdo en absoluto con lo que estáis diciendo. A mi entender, lo que pasa es que, como la ciencia no lo puede explicar todo, la gente se aferra a cualquier cosa. Yo no creo en brujas.

Estoy totalmente de acuerdo contigo en lo de que la ciencia no lo puede explicar todo, pero no en lo de que la gente crea en brujas. Por ejemplo, hay cosas en las filosofías orientales que son totalmente científicas y basadas en la experiencia.

Ejemplo: "Yo estoy de acuerdo con Sara en lo de que hemos perdido la confianza en la ciencia."

5. Lee estas frases y reacciona según tu opinión.

Ejemplo: 1. Es verdad.

1. La razón no lo puede explicar todo.
2. Lo que distingue a los seres humanos de los animales es la razón.
3. Todos y todas tenemos un destino escrito.
4. Nada ocurre por casualidad.
5. Todos y todas tenemos una bestia dentro de nosotros/as.

6. Escribe en un papel una opinión tuya sobre un tema de actualidad, el que tú quieras, y cuélgalo en la pared.

Ahora lee las frases de tus compañeros/as, escribe en papeles pequeños tu reacción a sus opiniones y pégalos junto a las opiniones.

Lee las reacciones de todos/as y pregunta por las opiniones que más te sorprendan.

Para ayudarte
Yo creo que… porque…

7. Aquí tienes estas ideas sobre cómo aprender español. Léelas y escribe tú en un papelito una idea de cómo crees que se aprende bien español.

Aprender un idioma es algo muy serio. Los juegos son una pérdida de tiempo.

La gramática sólo se aprende con esquemas y con las explicaciones del/de la profesor/-a.

El vocabulario hay que aprenderlo de memoria.

El diccionario es muy importante: sólo cuando traduzco una palabra a mi idioma, la aprendo.

Lo importante es aprender a comunicar, no ser perfecto en gramática.

Para mí son muy útiles los juegos de roles, porque me ponen en una situación casi auténtica.

Aprendo mucho cuando en la clase hay actividades diferentes: cantar, leer, moverse…

Sólo aprendes si te diviertes. Por eso los juegos son muy importantes.

Toda la clase formamos un círculo y nos intercambiamos los papeles. Lee el que te ha tocado. Imagina que esa es tu opinión y defiéndela de forma convincente durante un minuto. Tus compañeros/as tienen que adivinar si es tu verdadera opinión o si tú piensas de otro modo.

GRAMÁTICA ACTIVA

8. Relaciona, ¿quién crees que ha dicho esto?:

1

2

3

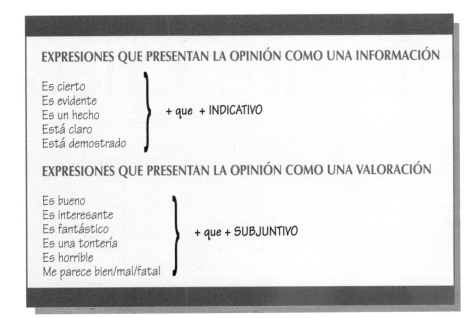

4

a. "Es sorprendente que haya tanta gente que consulta a videntes, el tarot...".
b. "Es verdad que se ha perdido la confianza en la ciencia".
c. "Es cierto que cada vez se conocen más otras culturas".
d. "Es bueno que cada vez se conozcan más otras culturas".
e. "Me parece una tontería que la gente crea en brujas".
f. "Es un hecho que la ciencia no lo puede explicar todo".

9. Subraya de un color las expresiones del punto 8 que van con indicativo y de otro color las que van con subjuntivo. Con tu compañero/a tacha la primera parte de la frase ("Es sorprendente que", "Es verdad que"), haz los cambios que sean necesarios y piensa si el significado de la frase ha cambiado respecto a la frase original.

¿Crees que es lo mismo decir *"Es sorprendente que haya tanta gente que consulta a videntes, el tarot…",* que decir *"Hay mucha gente que consulta a videntes, el tarot…"*?
¿Y decir *"Es verdad que se ha perdido la confianza en la ciencia",* que decir *"Se ha perdido la confianza en la ciencia"*?
Piensa con qué expresiones cambia el significado y con cuáles no.

Observa

EXPRESIONES QUE PRESENTAN LA OPINIÓN COMO UNA INFORMACIÓN

Es cierto
Es evidente
Es un hecho   } + que + INDICATIVO
Está claro
Está demostrado

EXPRESIONES QUE PRESENTAN LA OPINIÓN COMO UNA VALORACIÓN

Es bueno
Es interesante
Es fantástico   } + que + SUBJUNTIVO
Es una tontería
Es horrible
Me parece bien/mal/fatal

10. Ahora lee lo que dicen estas personas. De cada una de ellas selecciona una idea y valórala.

Ejemplo: No me parece bien que se dedique más dinero a defensa que a educación, porque...

Daniel: Una de las mayores industrias mundiales es el armamento, la mayoría de los gobiernos dedica más presupuesto a defensa que a educación. Sin embargo, el comercio de armas está limitado a algunos países.

Carlos: El fútbol es el espectáculo que más público atrae. En algunos casos, los aficionados se apasionan tanto que han llegado a matar o a suicidarse por un partido de fútbol. Los jugadores de fútbol pueden ganar millones y los clubes manejan fortunas.

Isabel: Actualmente, uno de los sistemas de contratación más extendidos es a través de las empresas de trabajo temporal. Con estas empresas se violan todos los acuerdos laborales y sindicales: el sueldo es más bajo de lo normal, no tienes derecho a ponerte enferma y no te cubre ni los fines de semana. En muchos casos, los trabajadores no saben un viernes si van a trabajar el lunes, con lo cual la sensación de inestabilidad es enorme.

11. Lee estas frases: ¿las crees o no las crees?

	Sí	No
El próximo siglo va a ser el siglo de la paz en el mundo.		
Hay vida en otros planetas.		
Estamos muy cerca de encontrar una vacuna contra el SIDA.		
El ser humano va a destruir completamente la Naturaleza.		
Hay otra vida después de la muerte.		
Dentro de algunos años empezaremos a colonizar otros planetas.		

Para ayudarte

Creo que + INDICATIVO	*Creo que hay vida en otros planetas.*
No creo que + SUBJUNTIVO	*No creo que haya vida en otros planetas.*

práctica global 1

1. Aquí tienes algunas palabras. Organízalas en tres grupos.

Autopista
Beneficios económicos
Construir
Contaminación
Curvas
Desarrollo de una red de carreteras
Destrucción del entorno

Ecosistema
Inversión
Medio ambiente
Preservar la naturaleza
Puente
Rentabilizar las inversiones
Túnel

ECOLOGÍA	ECONOMÍA	CONSTRUCCIÓN

2. Lee este texto.

Este es el Parque Natural de Vidasana. Es una reserva ecológica con gran variedad de fauna y flora. Tiene al norte la ciudad de Centralia, y al sur la de Industrialia. El tema de debate de estos días es que las dos ciudades están comunicadas por una pequeña y tortuosa carretera que rodea el Parque.

Esto hace que la economía de la zona sea muy precaria. Hay dos proyectos para mejorar la comunicación de estas dos poblaciones:

1. La construcción de una autopista o autovía a través del Parque que permita estar en la otra ciudad en menos de una hora. Tiene el inconveniente del impacto y del daño ecológico.

2. La construcción de una carretera que evite el Parque y que permita estar en la otra ciudad en tres horas y media.
El inconveniente es que pasaría por unas ruinas arqueológicas de gran valor histórico. La ventaja es la de pasar cerca de un área de próxima inversión en un complejo turístico y deportivo.

Se han desechado otras soluciones, como la construcción de un túnel subterráneo.

3. Vamos a preparar un debate sobre la construcción de esta carretera. Aquí hay diferentes personajes; elige con tus compañeros/as quién es quién. Alguien de la clase tiene que hacer el papel de moderador/-a.

1. Augusto Fernández. Arquitecto responsable del proyecto de realización de la autopista.
2. Bienvenido Casado. Alcalde de la ciudad Centralia, que ha prometido en su última campaña electoral mejorar las comunicaciones y desarrollar la industria de la zona.
3. Manuel Iniesta. Presidente del sindicato de transportistas y camioneros, empeñado en mejorar la calidad del servicio y reducir las obras de carretera de sus afiliados.
4. Juan García. Representante de la organización ecologista Verdivida.
5. Áurea Castro. Inversora e industrial turística, que ha adquirido una extensa área para construir un importante centro turístico y de ocio con pistas de tenis y squash, piscinas, campo de golf y discotecas.
6. Mario Prada. Funcionario del Ministerio de Educación y Cultura, responsable del mantenimiento y gestión de los hallazgos arqueológicos.
7. Cándida Pérez. Habitante del pequeño pueblo que hay junto al Parque Natural y a las ruinas, dedicada al cultivo ecológico; con una vida muy feliz y cómoda, alejada del ruido de la ciudad y del progreso.

4. Según el personaje que seas, piensa en cinco o seis argumentos que apoyen tu opinión sobre el tema.

5. Vamos a simular un programa de televisión: "En debate con la actualidad". Desarrollamos el debate según el papel de cada uno/a.

órbita 2
LENGUAJE PROFESIONAL

1. Mira estas palabras y expresiones: ¿qué significan?

BENEFICIOS

BALANCE

DEPARTAMENTO DE CONTABILIDAD

ABONAR

INFLACIÓN

COBRAR

CUENTA

CLIENTES

HUELGA

PREVISIÓN

PRESUPUESTO

CONTRATO

TESORERÍA

PONER ALGO AL DÍA

DISTRIBUCIÓN

FACTURAS PENDIENTES

DEPARTAMENTO DE ADMINISTRACIÓN

2. Escucha la cinta y marca las palabras de la lista de arriba que escuches.

3. Escucha otra vez y responde a las preguntas.

¿Cuántos beneficios hay este año?
¿Por qué no han recibido el balance?
¿Qué problemas han tenido este año?
¿Qué país tiene problemas?

1

2

4. ¿Te has fijado en que no están muy seguros de lo que dicen? Escribe las frases que expresan probabilidad en el siguiente cuadro.

Ejemplo: Creo que serán unos 200 millones.

PARA EXPRESAR HIPÓTESIS

Creo que
A lo mejor
Quizá(s)
Tal vez
Seguramente
Probablemente
Debe de

5. Mira estas imágenes y formula hipótesis.

¿Por qué crees que habla por dos teléfonos?
Debe de tener mucho trabajo.

1

3

¿Por qué crees que está preocupado?
....

2

¿Por qué crees que se va de viaje?
....

4

¿Por qué crees que se dan la mano?
....

5

¿Por qué crees que sonríe?
....

> GRAMÁTICA ACTIVA

 Observa.

Todavía no has recibido ningún balance, ¿no?

No, en el Departamento de Contabilidad se están retrasando, no sé por qué. **Tendrán** mucho trabajo y no **habrán podido** poner la contabilidad al día.

1

2

Observa

- Para expresar una hipótesis, para expresar algo de lo que no estamos seguros/as, utilizamos el futuro. El futuro se forma así:

$$
\text{Verbo en INFINITIVO}
\begin{cases}
+ \text{é} \\
+ \text{ás} \\
+ \text{á} \\
+ \text{emos} \\
+ \text{éis} \\
+ \text{án}
\end{cases}
$$

Por ejemplo: hablaré, iremos, seréis, deberán, etc.

- Y el futuro perfecto:

$$
\text{Habr}
\begin{cases}
+ \text{é} \\
+ \text{ás} \\
+ \text{á} \\
+ \text{emos} \\
+ \text{éis} \\
+ \text{án}
\end{cases}
+ \text{PARTICIPIO (-ado /-ido)}
$$

Por ejemplo: habrá tenido problemas, habrán llegado ya, etc.

- **Para formular hipótesis podemos utilizar:**

Para expresar lo que se considera probable

Deber de + INFINITIVO

Seguro que
Seguramente } + INDICATIVO

Para expresar lo que se considera posible

Futuro simple o perfecto.
A lo mejor + INDICATIVO (puede ser el futuro)
Quizá
Tal vez } + INDICATIVO o SUBJUNTIVO

6. Aquí tienes algunas formas de verbos irregulares en futuro. ¿Puedes decir de qué verbo son?

- diré	- habrás	- hará	- podremos
- pondréis	- querrán	- sabré	- saldrás
- saldrá	- tendremos	- vendréis	

7. Piensa en tres personas cercanas a ti que no estén presentes ahora mismo. Imagina qué están haciendo. Haz una hipótesis probable y otra posible para cada persona.

8. ¿A qué crees que se dedican estas empresas? ¿Qué crees que hacen? ¿Cómo son?

Ejemplo:
> *- ¿Textosa? No sé, será una editorial o una librería.*
> *- No, seguro que es una gran empresa de tejidos.*

9. Haz hipótesis sobre estas situaciones.

1

2

3

4

Para ayudarte

Para hacer hipótesis sobre el presente utilizamos el futuro o el presente de subjuntivo.

*¿Qué hora es? No sé, **serán** las tres.*
*¡Qué raro que Pablo no esté aquí ya! No sé, tal vez **esté** en el médico.*

Para hacer hipótesis sobre algo que ya ha ocurrido utilizamos el futuro perfecto o el perfecto de subjuntivo.

*Elena todavía no ha llegado. Seguramente **habrá perdido** el metro.*

Práctica global 2

1. Mira esta foto y pon en marcha tu fantasía: ¿Qué hace esta mujer? ¿Puedes imaginar en qué trabaja, cuántos años tiene, cómo es, cómo es su vida?

2. Lee ahora este texto, a ver si coincide en algo con lo que tú has imaginado.

Es una mujer bastante joven y está en una oficina. Seguramente tendrá unos treinta años. Su trabajo debe de ser muy creativo o intelectual. Tal vez trabaje en una ONG y sea muy solidaria y activa. No tendrá horario y, si lo tiene, no será muy estricto.

Habrá estudiado en la universidad una carrera de letras (Filosofía, Arte, o algo así). El despacho parece bastante familiar, seguro que es una pequeña empresa, no habrá muchos empleados. Ella parece muy concentrada en su trabajo.

Me imagino que vivirá en un piso pequeño en el centro de la ciudad, cerca de su trabajo, y que llevará una vida cultural muy activa.

3. Elige una de estas fotos con tu compañero/a y escribe un texto como el que acabas de leer sobre la personalidad y la vida de estas personas.

1. Aquí tienes el organigrama de una empresa tradicional. Con tus compañeros/as coloca los diferentes departamentos en el lugar que les corresponde.

PRESIDENCIA
CONSEJO DE ADMINISTRACIÓN
DIRECCIÓN GENERAL
DIRECCIÓN FINANCIERA: Departamento de Administración (/Informática/Compras); Departamento de Contabilidad
DIRECCIÓN DE PRODUCCIÓN: I+D (Investigación y Desarrollo); Producción; Almacén
DIRECCIÓN DE MARKETING: Departamento Comercial (Ventas); Publicidad
DIRECCIÓN DE RECURSOS HUMANOS

2. Relaciona los puestos de trabajo con las responsabilidades:

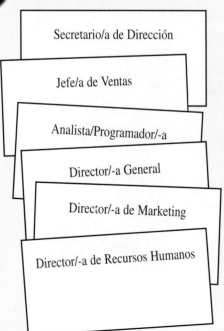

Secretario/a de Dirección

Jefe/a de Ventas

Analista/Programador/-a

Director/-a General

Director/-a de Marketing

Director/-a de Recursos Humanos

a. Directivo/a de primer nivel, responsable de todas las actividades de la empresa. Él/ella dirige la política y los objetivos generales de la empresa.

b. Responsable de los productos: estudia su viabilidad, su desarrollo y su lanzamiento, así como su rendimiento económico.

c. Dirige la política de contratación y el desarrollo de los recursos humanos de la empresa. También es responsable de las relaciones laborales, con los sindicatos y de los temas sociales.

d. Especialista en informática, responsable de los equipos informáticos.

e. Persona que asiste a un/-a directivo/a en sus funciones.

f. Es responsable de las actividades comerciales de la empresa. Supervisa la labor de los/as vendedores/as.

FINAL

 3. Amplía la descripción de esta lista con otros puestos y su correspondiente responsabilidad.

 4. Esta es una posible organización piramidal de cualquier empresa o entidad laboral (M). Otra posibilidad organizativa es la de una cooperativa, en la que todos y todas toman las decisiones de forma conjunta y no existe una organización piramidal, sino lineal, más plana (I). También existen empresas innovadoras con una estructura circular de equipos de trabajo, o empresas virtuales (C). ¿Qué estructura tiene la iniciativa generada en tu grupo?

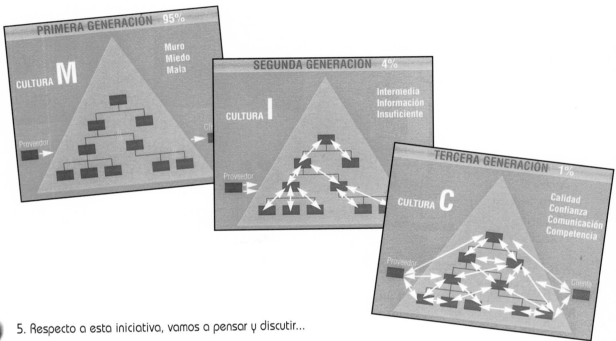

 5. Respecto a esta iniciativa, vamos a pensar y discutir...

- si va a haber una Dirección General con una o más personas;
- si va a haber una asamblea, formada por todas las personas que trabajan en la organización, que tenga el papel de órgano directivo;
- qué departamentos hay;
- de quién depende cada departamento;
- cómo es la pirámide de nuestra organización;
- cuánta gente trabaja en la empresa y cuánta en casa;
- si puede ser una iniciativa virtual;
- si nuestra iniciativa va a tener una organización totalmente innovadora.

 6. Ahora hacemos un organigrama de la iniciativa.

 7. Por último, escribimos una descripción de los puestos y hacemos un póster con la organización de la iniciativa. Ten en cuenta que la organización puede cambiar en el transcurso de la actividad.

órbita 3
RUTA LITERARIA
taller de letras

1. Observa esta imagen y localiza estas palabras.

- ☐ Ambulancia
- ☐ Casa
- ☐ Coche
- ☐ Señal de tráfico
- ☐ Bordillo
- ☐ Alcantarilla
- ☐ Peatón
- ☐ Semáforo
- ☐ Farola
- ☐ Acera
- ☐ Paso de cebra
- ☐ Anuncios
- ☐ Calzada

2. ¿Has estado alguna vez en un vagón de tren rodeado/a de gente que no conoces y sin saber qué hacer? ¿Y en el metro, en un ascensor o en la sala de espera de un médico? ¿En alguna de esas ocasiones se te ha ocurrido mirar a alguien que está presente e imaginarte su vida? ¿Qué te imaginas de esas personas?

3. Lee este texto de Manuel Vicent.

> *Semáforo*
>
> Esa chica de azul que espera ahí enfrente en el semáforo, ¿quién será?, ¿de dónde vendrá?, ¿a dónde irá con el bolso en bandolera? Parece vulgar. No sé nada de ella, aunque en otras circunstancias pudo haber sido quizá la mujer de mi vida. (...) La chica será secretaria, enfermera, ama de casa, camarera o profesora. En el bolso llevará un lápiz de labios, un peine, pañuelos de papel, un bono de autobús, polvos para la nariz y una agenda con el teléfono de unos primos del pueblo, de algún amigo, de algún amante. ¿Cuántos amores frustrados habrá tenido? (...) La joven me ve desde la otra acera y probablemente también estará pensando algo de mí. Creerá que soy agente de seguros, un tipo calvo, muy maduro, con esposa y tantos hijos, o que tengo un negocio de peletería, un llavero en el bolsillo, un ignorado carné de identidad, una úlcera de estómago y 2.500 pesetas en la cartera. Se oyen violentos chirridos de caucho, la tarde ya ha prendido las cornisas. El semáforo aún está en rojo.

Si esa mujer y yo nos hubiéramos conocido en cierta ocasión tal vez nos habríamos besado, casado, odiado, gritado, reconciliado e incluso separado. Lleva un abrigo azul. Parece un poco frágil y vulgar. No sé nada de ella. Desde el bordillo la chica también me observa. ¿Qué estará imaginando? Que soy un sujeto anodino, operado de apendicitis, con muchas letras de cambio firmadas para comprar un vídeo. Sin embargo, pude haber sido el hombre de su vida.

Manuel Vicent

Manuel Vicent, escritor español nacido en La Vilavella (Castellón, 1936), es colaborador habitual en la prensa, en concreto en *El País*: sus columnas de actualidad son muy valoradas y ha ganado varios premios de periodismo. Tiene una prosa rica y colorista. En su producción como novelista destacan *Pascua y naranjas* (Premio Alfaguara de Novela 1966); *La balada de Caín* (Premio Nadal 1986); el texto autobiográfico *Tranvía a la Malvarrosa;* y, últimamente, *Son de mar* (Segundo Premio Alfaguara de Novela 1999).

4. **Contesta a estas preguntas.**

1. ¿Dónde están?
2. ¿Cómo es la chica?
3. ¿Qué se imagina M. Vicent de la chica?
4. ¿Qué cree M. Vicent que está pensando la chica de él?
5. ¿Finalmente se conocen?

5. **Haz una lista de las cosas que sabemos objetivamente de la chica. ¿Y del chico?**

6. **Haz una lista de las cosas que se imagina Manuel Vicent de ella, y ella de Manuel Vicent.**

7. **El cantautor español Amancio Prada ha escrito una canción basándose en *Semáforo*. Escúchala y subraya en el texto de Vicent las frases que oigas.**

8. **Vamos a escribir nosotros/as nuestra propia historia de desconocidos/as. Busca a una persona en la clase, la que menos conozcas, o a tu profesor/-a, e imagina cómo es, qué tiene en los bolsillos o en el bolso, qué hará, qué pensará. Imagina también cómo podría haber sido la relación en otra situación. ¿Qué pensará él/ella de ti? Escribe un texto. Aquí te presentamos un esquema de cómo puedes escribirlo, pero, si lo deseas, lo puedes hacer libremente:**

En la mesa de enfrente

Ese/a ....de .... que ...., ¿quién será?, ¿de dónde ....?, ¿a dónde .... ? No sé nada de él/ella, aunque en otras circunstancias pudo haber sido quizá .... En el bolsillo/bolso llevará .... Desde la mesa de enfrente probablemente también estará pensando algo de mí. Creerá que .... Si esa persona y yo nos hubiéramos conocido en cierta ocasión tal vez nos habríamos .... Lleva .... Parece .... No sé nada de él/ella. Desde el pupitre el/la chico/a también me observa. ¿Qué estará imaginando?

RUTA LITERARIA

paisaje: meseta

1. ¿Sabes qué es una meseta? Lee esta descripción:

"Terreno elevado y llano de gran extensión".

¿Conoces alguna meseta importante?

2. ¿Qué relacionas tú con la idea de "meseta"?

meseta

> En la meseta, el cielo nos inunda, el horizonte se aleja. Nos encontramos ensimismados, entre el cielo y la tierra, y, como Mercurio, en la cercanía vibrante de los rayos del sol. En esa soledad, nuestra mente se abre, se expande en la bóveda azul, nuestro espíritu renace.
> La meseta castellana habla al cielo y a la tierra en español.

3. En España hay una gran meseta en la que se encuentra Castilla. Para muchos/as escritores/as, esta meseta y su carácter son símbolos de la identidad de España. Esta identificación es especialmente significativa en escritores a los que se englobó en la llamada "Generación del 98".

Aquí tienes dos ejemplos. Formamos dos grupos, cada uno lee uno de los textos y hace la tarea correspondiente: Texto A: La prosa de Azorín, o Texto B: La poesía de Unamuno.

A. El camino se extiende, inacabable, ante la mirada. Todo es llano, uniforme. Desde el tren, que cruza vertiginoso uno de estos caminos, ¿no hemos contemplado, rápidamente, uno de estos viandantes que al punto quedan atrás, perdidos en la lejanía, esfumados en la llanada? En el ocaso de la tarde, cuando el sol tiende oblicuos sus rayos dorados, al comenzar esta hora de melancolía en la campiña, tal visión de un viajero que se aleja hacia no sabemos dónde nos hace meditar un momento... El camino se extiende interminable.

(De *Castilla*, en *El paisaje de España visto por los españoles*.)

Azorín

Azorín es el seudónimo del escritor español José Martínez Ruiz (Monóvar -Alicante-, 1873 - Madrid, 1967). Pertenece, junto con otros grandes escritores (Pío Baroja, Antonio Machado, Miguel de Unamuno, etc.), a la llamada "Generación del 98".

Cultivó casi todos los géneros literarios, pero es conocido fundamentalmente por sus descripciones de paisajes, pueblos y tipos castellanos en títulos como *Los pueblos* (1905), *La ruta de Don Quijote* (1905), *Castilla* (1912) o *El paisaje de España visto por los españoles*.

B.

Tú me levantas, tierra de Castilla,
en la rugosa palma de la mano
al cielo que te enciende y te refresca,
al cielo, tu amo.

Tierra nervuda, enjuta, despejada,
madre de corazones y de brazos,
toma el presente en ti viejos colores
del noble antaño.

Con la pradera cóncava del cielo
lindan en torno tus desnudos campos,
tiene en ti cuna el sol y en ti sepulcro
y en ti santuario.

(De *Castilla*.)

Miguel de Unamuno

Escritor español (Bilbao, 1864 - Salamanca, 1936), tuvo dos preocupaciones principales que reflejó en su obra: el problema de España y el sentido de la vida. De formación clásica -catedrático de griego en la Universidad de Salamanca, de la que fue rector-, fue una persona de gran actividad intelectual y de ideas polémicas, que le llevaron al destierro en Fuerteventura -Islas Canarias- de 1924 a 1930.

Cultivó todos los géneros, si bien es valorado sobre todo por sus ensayos *Vida de Don Quijote y Sancho* (1905) y *La agonía del cristianismo* (1925), y por novelas como *La tía Tula* -llevada al cine-.

Sus poesías tardaron en ser apreciadas; dentro de ellas, *Castilla* y *El Cristo de Velázquez* son muy conocidas.

T A R E A - A

1. Contesta a estas preguntas:

- ¿Cómo describe el autor el paisaje: con líneas, con colores, con sensaciones?
- Hay dos planos en este texto: uno inmóvil, el paisaje, otro móvil, el tren, el camino y el viajero. ¿Qué relación hay entre ellos?

2. Aquí tienes algunas palabras que pueden servir para describir el paisaje. Elige las que consideres adecuadas y descríbelo.

la soledad   la serenidad
la alegría   el movimiento
el equilibrio   la tristeza
la euforia   la sensualidad

3. Explica al otro grupo cómo es el paisaje y entre todos/as comparamos las descripciones.

T A R E A - B

1. Contesta a estas preguntas:

- ¿Qué relación hay entre el autor y el paisaje?
- Relación entre los elementos visuales y el paisaje.
- Relación entre los elementos táctiles y el paisaje.

2. Estímulos auditivos del paisaje meseta.

Añádelos a la descripción del autor.

3. Explica al otro grupo cómo es el paisaje y entre todos/as comparamos las descripciones.

♥ 1. Piensa en un objeto que tú tienes y que es muy importante para ti. Dibújalo o haz una representación simbólica.

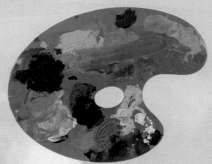

♥ Piensa también en dos cosas positivas que te han pasado y dibújalas en otros dos papeles. Pega los tres papeles en las paredes de la clase.

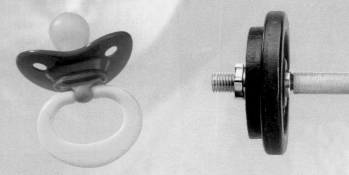

♥ 2. Ahora observa los dibujos de tus compañeros/as. Intenta identificar al autor o la autora de los dibujos, qué significan y qué es lo que le ha pasado. Discute tus hipótesis con tus compañeros/as.

Para ayudarte

Este dibujo será de... porque yo creo que...

Yo creo que esto será de... porque quizá es un... y ...

♥ 3. Ahora cuéntales a tus compañeros/as la verdad. ¿Qué es lo que has representado en los papeles?

EN ESTA UNIDAD HAS APRENDIDO:

 VOCABULARIO:

- Ecología: *Medio ambiente* ....
- Construcciones: *Carretera* ....
- Economía: *Beneficios* ....
- La calle: *Acera* ....
- Mundo del trabajo: *Contrato* ....

GRAMÁTICA: Recuerda la conjugación del futuro simple y perfecto:

	FUTURO SIMPLE	FUTURO PERFECTO	
(Yo)			
(Tú)			
(Usted, él/ella)			
(Nosotros/as)			
(Vosotros/as)			
(Ustedes, ellos/ellas)			

Y las formas de los verbos irregulares.

Recuerda cuándo las expresiones de opinión van con subjuntivo.

Recuerda qué expresiones para opinar van con indicativo y cuáles con subjuntivo.

Recuerda las expresiones para expresar hipótesis con indicativo o con subjuntivo.

CÓMO SE DICE: Recuerda expresiones para:

- Expresar la opinión: *Para mí…*
- Expresar acuerdo: *Estoy de acuerdo con...*
- Expresar desacuerdo: *Yo creo que no.*
- Expresar hipótesis: *Tal vez.*

1. En español hay algunas maneras de expresar desacuerdo que resultan inconvenientes. Escucha estos tres diálogos y observa cómo reaccionan las personas ante ellas.

Es mejor utilizar otras expresiones más adecuadas. Toma nota de ellas:

Bueno, yo no pienso exactamente lo mismo...
La verdad es que...
Bueno, en realidad...
Yo no lo veo exactamente así.
Es que...

2. Cambia las respuestas de los diálogos utilizando expresiones más convenientes.

3. Lee lo que dicen estas personas. ¿Con quién estás de acuerdo y en qué?

1

Candela: Me parece fatal que los niños vean películas y dibujos animados violentos en la tele. Creo que los niños deben recibir una educación correcta: estar con la madre hasta que cumplen cinco o seis años, y entonces llevarlos a un buen colegio. En cuanto al tipo de escuela, creo que es mejor la bilingüe, aprender dos idiomas al mismo tiempo. Los estudios deben estar orientados hacia el mundo profesional; lo importante es que el día de mañana sean buenas personas, con buenos trabajos y que ganen mucho dinero.

2

Manolo: A mí no, a mí me parece que no es peligrosa la violencia, sino la cantidad de sexo que ven los niños. Creo, además, que es mejor que los niños estén en la escuela, con otros niños, de pequeños, desde el año o año y medio. Eso sí, la escuela debe ser de toda confianza; yo prefiero las escuelas religiosas, son más serias. En cuanto a los estudios, a mí me parece que tiene que haber de todo: no sólo son importantes los estudios prácticos, los que están relacionados con el dinero, también son importantes otros estudios, no sé, más humanistas, más enfocados a enriquecer a los niños intelectual y moralmente. Lo de los idiomas, sí, vale, pero tampoco es tan importante, ¿no?

4. Aquí tienes estas expresiones. Organízalas según introduzcan una información o una valoración, si van con indicativo o con subjuntivo, y construye ejemplos.

Es bueno	Es cierto	Es evidente	Es fantástico
Es horrible	Es interesante	Es lógico	Es malo
Es normal	Es obvio	Es terrible	Es un hecho
Es una tontería	Es verdad	Está claro	Está demostrado
Me parece bien	Me parece evidente	Me parece fatal	Me parece mal

	INFORMACIÓN	VALORACIÓN
Indicativo	*Está claro que quieres aprender.*	
Subjuntivo		*No es normal que nieve en verano.*

 5. Reacciona ante estas ideas e informaciones con una de estas expresiones y el verbo en subjuntivo.

Ejemplo: No me parece bien que los jóvenes españoles vivan tanto tiempo con sus padres.

- La mayoría de los jóvenes españoles vive mucho tiempo con sus padres y se emancipa para casarse.
- La dieta mediterránea es una de las más sanas del mundo, pero es más popular la comida rápida.
- Un vaso de vino al día es bueno contra el colesterol, pero en exceso es malo.
- Los españoles practican muy pocos deportes, aunque una gran mayoría son aficionados a ver el fútbol.
- El 30% de los españoles confiesa que no lee nunca, frente a un 22% que lo hace con frecuencia.
- El aceite de oliva es un componente fundamental en cualquier dieta equilibrada, pero en muchos países se siguen usando muchas grasas animales.

6. Crucigrama: un poco de vocabulario de E_ _ _ _ _ _ A (Vertical).

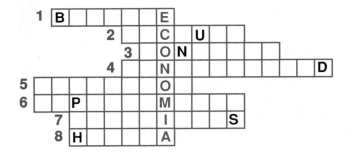

Horizontales.

1. Comparación entre el activo y el pasivo de una empresa.

2. Cuenta en la que se detallan las mercancías o servicios recibidos y el dinero que se pide por ellos.

3. Acuerdo de las condiciones y precio de un servicio o trabajo.

4. Sistema que se sigue y que sirve para llevar la economía de un negocio.

5. Subida permanente de los precios a lo largo del tiempo, acompañada de una pérdida del valor del dinero.

6. Parte de una administración, de una institución o de una empresa.

7. Diferencia positiva entre ingresos y gastos.

8. Paro del trabajo que hacen los trabajadores de común acuerdo para protestar por algo.

En autonomía

 7. Forma el futuro de estos verbos.

	Cantar	Beber	Vivir
(Yo)			
(Tú)			
(Usted, él/ella)			
(Nosotros/as)			
(Vosotros/as)			
(Ustedes, ellos/ellas)			

 8. Agrupa estos verbos por una de las tres irregularidades del futuro.

decir haber hacer poder poner querer saber salir tener	**1.**	**2.**	**3.**

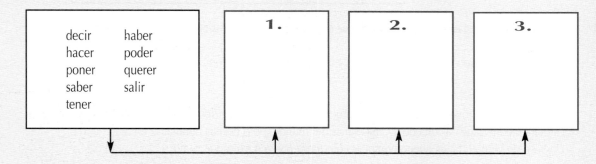

1. Cambian la vocal de la terminación por una d.
2. Pierden la vocal de la terminación.
3. Otra.

9. Haz hipótesis. ¿Qué pueden ser estas cosas?

Ejemplo: a. *Seguramente es un juguete.*
Tal vez sea un juguete.
Será un juguete.

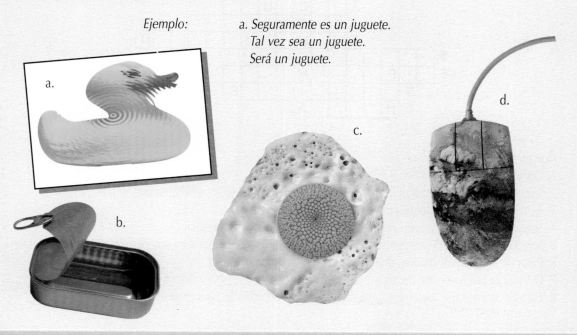

a.

b.

c.

d.

10. Lee este pequeño diálogo.

¡Qué raro que Ramón no haya llegado todavía, si ya son las diez. ¿Le habrá pasado algo?

Tal vez ha perdido el tren.

Quizá se ha encontrado con alguien y esté tomando un café.

Probablemente esté viniendo ahora.

Escribe diálogos parecidos con estas situaciones.

1. Un pariente se fue al extranjero y no te ha escrito ni te ha llamado.
2. Un compañero no viene a clase desde hace varios días.
3. A una amiga desde hace unos días la ves rara, no se comporta como normalmente.

11. Lee este anuncio.

a. Subraya todos los términos económicos que hay.

b. Extrae los datos numéricos de la empresa.

c. Explica cómo es la empresa.

La fuerza de la luz

IBERDROLA es la primera empresa privada de España en producción y venta de energía eléctrica y la tercera de Europa entre las del ciclo completo. Atiende un mercado de casi ocho millones de clientes, que se extiende sobre el 39% de la superficie nacional. Dispone del 37,8% de la potencia eléctrica de España y ocupa el primer lugar en generación hidroeléctrica y nuclear, lo que le permite disponer de una estructura de generación altamente competitiva.

El valor de su inmovilizado supera los 3 billones de pesetas y sus fondos propios alcanzan el billón de pesetas. En 1994, su cash-flow neto fue de 277.328 millones de pesetas y el beneficio después de impuestos se situó en 69.522 millones. Su cifra de negocios alcanzó los 754.311 millones de pesetas, siendo el cuarto valor más contratado en la Bolsa española.

El Grupo IBERDROLA dispone, además, de un grupo industrial presente en los sectores de energía, ingeniería y consultoría, inmobiliario, telecomunicaciones y servicios a clientes.

IBERDROLA afronta el futuro desde una posición sólida, con un alto nivel tecnológico y profesional y con capacidad para representar competitivamente a nuestro país en el mercado europeo.

Inversión a medio o largo plazo de una empresa.

Capital aportado por socios y reservas generadas por el beneficio de la empresa.

Recursos líquidos y la capacidad de generarlos.

Pagos obligados al Estado.

IBERDROLA

La luz de cada día

tema 3
Las creencias
de Júpiter

El planeta Júpiter es el mayor y más brillante del Sistema Solar. Se le relaciona con nuestras actitudes y aptitudes para la integración social. Simboliza la fe, el optimismo, la suerte y las posibilidades de expansión personal. En la mitología romana, asociado al Zeus griego, Júpiter era la divinidad suprema, personificación de la luz, regulador del mundo físico y de la actividad humana.

Versión Mercosur Págs. 155-158

Pedir consejo
- ¿Tú qué crees que es mejor?
- ¿Qué me aconsejas?
- ¿Tú qué harías?

Justificar la petición de un consejo
- Tú que...

Dar consejo
- Es mejor que...
- Te aconsejo que...

Hablar de condiciones
- Si...

Vas a aprender a...

Aconsejar poniéndose en el lugar del/de la otro/a
- Yo, en tu lugar...
- Si yo estuviera en tu lugar...
- Si yo fuera tú...

1. ¿Conoces las instituciones de esta tabla?
¿En cuáles confían los españoles y las españolas? Observa estos datos y lee el texto.
¿Qué conclusiones sacas?

VALORACIÓN DE LAS INSTITUCIONES SOCIALES

Conocimiento %   Valoración (0 - 10 puntos)

Institución	Conocimiento %	Valoración
Corona	89%	7,2
Defensor del Pueblo	70%	5,9
Fuerzas Armadas	81%	5,7
Ayuntamientos	90%	5,4
Iglesia	84%	5,4
Tribunal Constitucional	62%	5,4
Gobierno de la Nación	89%	5,3
Gobierno Comunidades Autónomas	86%	5,3
Congreso	74%	5,0
Senado	66%	5,0
Sindicatos	77%	4,9
Partidos políticos	82%	4,6
Organizaciones empresariales	67%	4,6

La Corona es la institución más valorada por los españoles, que califican con 7,2 puntos sobre un máximo de diez. Junto a los ayuntamientos es también la más conocida y popular. Entre aprobado y suspenso se encuentran sindicatos, partidos políticos y organizaciones empresariales. Estos datos de la encuesta, realizada por el Centro de Investigaciones sobre la Realidad Social (CIRES), señalan asimismo que el Tribunal Constitucional y el Senado son las instituciones menos conocidas y, por tanto, las que resultan más alejadas del individuo. Es sorprendente la subida en el aprecio de las Fuerzas Armadas, que, hace unos años, obtenían siempre unas calificaciones bajas. Los cascos azules españoles en el extranjero, y en especial en Yugoslavia, han hecho más por recuperar la imagen de los militares que todas las reformas del Ejército juntas. Por primera vez en décadas, los españoles parecen sentirse orgullosos de sus Fuerzas Armadas.

2. ¿Existen estas mismas instituciones en tu país? ¿Hay otras? Haz una lista. ¿En cuáles crees que confía la gente de tu país? ¿En cuáles no?

Y tú, ¿en qué crees?

En la política.   En la familia.   En la amistad.   En el dinero.
En las personas.   En la religión.   En nada.

órbita 1
LENGUAJE COLOQUIAL

1. ¿Te has encontrado alguna vez en estas situaciones?:

- Estabas pensando en cambiar de trabajo y no te atrevías a tomar una decisión.
- Tenías una gran cantidad de dinero y no sabías en qué invertirlo.
- No te comunicabas bien con tu pareja.
- Terminaste el Bachillerato y no sabías qué carrera elegir.
- Querías hacer un viaje a un sitio especial y no sabías cómo organizarlo.
- Querías comprarte un ordenador y no sabías cuál.
- Otros…

¿A quién le pediste ayuda o consejo? ¿A un familiar? ¿A un/-a profesional? ¿A un/-a amigo/a? ¿Te ayudó? ¿Te lo resolvió? ¿Cómo?

2. Escucha este diálogo.
¿Qué le pasa a esta persona?

3. ¿Cuáles de estos consejos has escuchado?:

Versión Mercosur, pág. 155

- Hacer una terapia natural.
- Ir de compras.
- Comer chocolate.
- Ir de vacaciones.
- Consultar a la madre.
- Hacer mucho ejercicio.
- Tener una cita a ciegas.
- Visitar a un psicólogo.

4. Ordena el diálogo.

- Yo que tú, iría a un médico naturista. A mí me va muy bien.
* No, mira, yo no creo en esas cosas.
- ¿Qué te pasa?
* ¿Tú crees?
- Yo tampoco. Es mejor tomarse unas vitaminas… Bueno, en realidad, yo me iría de vacaciones.
* Pues no, las cosas me van muy bien. Yo creo que es algo físico. He ido al médico y me ha dicho que estoy bien, que no tengo nada.
- Sí, sí, yo te aconsejo que te vayas dos semanas a la playa. Ya verás como vuelves nuevo.
* No sé, estoy muy raro. No puedo dormir, estoy cansado… no me puedo concentrar.
- Pero… ¿estás preocupado por algo?
* Tú que viajas mucho, ¿qué lugar me recomiendas?

PEDIR CONSEJO

Formal	Informal
¿Usted qué me aconseja?	¿Tú qué me aconsejas?
¿Usted qué me recomienda?	¿Tú qué me recomiendas?
¿Usted qué cree que es mejor?	¿Tú qué crees que es mejor?

JUSTIFICAR UNA PETICIÓN DE CONSEJO

Formal	Informal
Usted que...	Tú que...

DAR CONSEJO

Formal	Informal
Yo que usted...	Yo que tú...
Es mejor...	Es mejor...
Le aconsejo que...	Te aconsejo que...
Le recomiendo que...	Te recomiendo que...

5. Con tu compañero/a aconséjale a esta persona en estas situaciones y explica por qué.

- Se va de viaje y no sabe a dónde: ¿Isla de Pascua o Santiago de Compostela?
- Ha ganado un dinero y no sabe qué hacer con él: ¿gastarlo o ahorrarlo?
- Tiene que hacerle un regalo a un/-a amigo/a: ¿algo personal o algo para la casa?
- Se ha enfadado con su pareja: ¿le escribe una carta o se lo dice personalmente?

3

Santiago de Compostela.

1

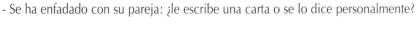

Isla de Pascua.

2

Para ayudarte

Le/te aconsejo que...
Le/te recomiendo que...

Es mejor que + SUBJUNTIVO + porque...

GRAMÁTICA ACTIVA

6. Aquí tienes las formas del condicional del verbo HABLAR desordenadas. Ordénalas.

(Yo) ....

(Tú) ....

(Usted, él/ella) ....

(Nosotros/as) ....

(Vosotros/as) ....

(Ustedes, ellos/ellas) ....

> hablarían
> hablaría
> hablarías
> hablaríamos
> hablaría
> hablaríais

7. Marca en el verbo anterior la terminación de cada persona del condicional; te sirve para cualquier otro verbo.

8. Juego de parchís. Tira el dado y muévete por el tablero. En la casilla en la que caigas, tienes que decir la forma correcta en condicional. Gana el primero en llegar al final.

(Usted) IR	(Nosotros) SER	(Ellas) COMER	(Yo) COMPRAR	(Nosotros) JUGAR	(Vosotros) VIVIR
(Usted) COMPRAR					(Él) PINTAR
(Ellos) VIAJAR		(Yo) DORMIR	(Tú) VOLVER		(Tú) CONDUCIR
(Tú) LEER		(Ellos) NECESITAR			(Yo) REÍR
(Vosotras) ESCRIBIR		(Vosotras) PRACTICAR			(Ellos) COCINAR
(Yo) TRABAJAR	(Tú) CREER	(Nosotras) PENSAR	(Usted) COMPRENDER		(Ellas) VER

9. Recuerda estos verbos que eran especiales en el futuro, ¿puedes formar el condicional, en el que también son especiales?

	(Yo)	(Tú)	(Usted, él/ella)	(Nosotros/as)	(Vosotros/as)	(Ustedes, ellos/ellas)
Caber						
Decir						
Haber						
Hacer						
Poder						
Poner						
Querer						
Saber						
Salir						
Tener						
Valer						
Venir						

10. ¿Qué 10 consejos puedes darle a una persona que va a empezar a aprender español?

Ejemplo: Yo iría a una buena escuela de español.

práctica global 1

1. Escucha la cinta y anota la información más importante de cada zona del mapa de España de la página 74.

2. De acuerdo con la información que ahora tienes y según tus gustos, elige los lugares de España a los que te gustaría ir.

3. Escríbele una carta a un/-a compañero/a en la que le aconsejas algunos lugares que puede visitar en España y lo que puede hacer.

4. Lee la carta de tu compañero/a. ¿Qué te parecen sus consejos?

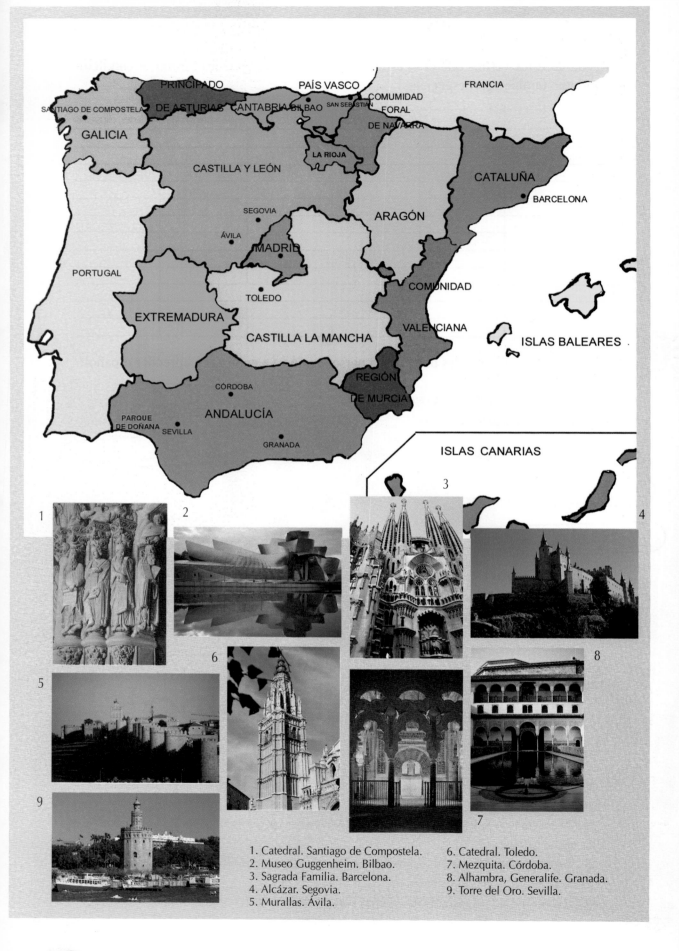

1. Catedral. Santiago de Compostela.
2. Museo Guggenheim. Bilbao.
3. Sagrada Familia. Barcelona.
4. Alcázar. Segovia.
5. Murallas. Ávila.
6. Catedral. Toledo.
7. Mezquita. Córdoba.
8. Alhambra, Generalife. Granada.
9. Torre del Oro. Sevilla.

órbita 2
LENGUAJE PROFESIONAL

1. ¿Conoces los tipos de contrato de trabajo que hay en tu país? ¿Qué ventajas y desventajas tienen para los/as empresarios/as y los/as trabajadores/as?

Para ayudarte

Contrato indefinido
Contrato temporal
Trabajo autónomo
Seguridad Social

2. Escucha este diálogo entre una directora de Recursos Humanos (RRHH) y un asesor y contesta a estas preguntas.

- ¿De qué tipos de contrato hablan?

- ¿Por qué no es conveniente desde un punto de vista económico hacer contratos fijos?

- ¿Qué ventajas tiene, en cambio, el contrato fijo?

- ¿En qué casos hay descuentos en los gastos de Seguridad Social?

- Si tú fueras empresario o empresaria, ¿qué tipo de contrato harías?

Observa

PARA DAR CONSEJOS

Formal

Si yo fuera usted,
Si yo estuviera en su lugar,   } + CONDICIONAL
Yo que usted,

Informal

Si yo fuera tú,
Si yo estuviera en tu lugar,   } + CONDICIONAL
Yo que tú,

Versión Mercosur,
págs. 157-158

3. ¿Qué les aconsejarías a los directores o directoras de estas empresas?

"No puede atender a todo el público".

"Es una empresa poco competitiva".

"Tiene muchos beneficios y no sabe cómo invertirlos".

"El ambiente es demasiado formal".

GRAMÁTICA ACTIVA

 Observa.

*"... si la empresa **fuera** mal, tendría que afrontar unos costes enormes".*

*"... si la mitad de los empleados **tuviera** contrato indefinido, la empresa tendría un grupo de gente motivada..."*

*"... Y si algunos **quisieran**, les ofrecería un contrato por obra determinada..."*

4. Intenta reconstruir la forma del imperfecto de subjuntivo de estos verbos:

	SER	TENER	QUERER
(Yo)			
(Tú)			
(Usted, él/ella)		*tuviera*	
(Nosotros/as)			
(Vosotros/as)			
(Ustedes, ellos/ellas)	*fueran*		*quisieran*

5. ¿Recuerdas la forma del indefinido de los verbos SER, TENER y QUERER? ¿En qué se parecen al imperfecto de subjuntivo?

6. Teniendo en cuenta la relación con el indefinido y la terminación, forma el imperfecto de subjuntivo de estos verbos.

	ESTAR	HACER	DECIR	SABER
(Yo)				
(Tú)				
(Usted, él/ella)				
(Nosotros/as)				
(Vosotros/as)				
(Ustedes, ellos/ellas)				

7. Tira el dado y di las formas de estos verbos en imperfecto de subjuntivo.

decir
tener
estar
hacer
comer
pensar
vivir
ser
escribir

Ej.: TENER = *tú tuvieras.*

= yo

= tú

= Ud., él/ella

= nosotros/as

= vosotros/as

= Uds., ellos/ellas

8. Relaciona.

a. Si me lo enseñaran bien...
b. Lo pedirían...
c. Si quisieras ir tú...
d. ¿Lo podría hacer usted...
e. ¿Compartirías piso conmigo...
f. Si tuviera carnet...

1. ...me harías un favor.
2. ...lo aprendería.
3. ...si lo necesitaran.
4. ...si consiguiera uno exterior?
5. ...te llevaría yo misma.
6. ...si fuera necesario?

9. Todo el grupo se coloca en círculo. **La primera persona tiene que completar una de las frases siguientes. Quien está a su izquierda dice otra frase empezando con el final de la frase anterior, y así sucesivamente.**

Por ejemplo:

A: Si no existiera el dinero, habría intercambio de bienes. **B:** Si hubiera intercambio de bienes, no habría tanto consumo. **C:** Si no hubiera tanto consumo...

Práctica global 2

Alumno/a A

Esta es tu situación:

Tienes mucha responsabilidad en tu trabajo porque tus jefes confían mucho en ti. Por eso, a veces te sientes muy agobiado. Sabes que la empresa está pasando por una situación difícil y que no es el mejor momento para contratar a alguien que te ayude.

Te sientes motivado en el trabajo porque tienes responsabilidad. Esto hace que seas un triunfador dentro de tu profesión. Sin embargo, trabajas demasiado. A veces te llevas el trabajo a casa y esto está perjudicando tu vida familiar.

1. Pídele consejo a tu compañero/a respecto a estas tres cosas:

1. Estás muy agobiado por el trabajo.
2. Tienes problemas en tu vida familiar.
3. Necesitas que la empresa contrate a alguien que te ayude.

2. Reacciona a lo que te aconseja tu compañero/a de acuerdo con tu situación. Él/ella también te va a pedir consejo.

Alumno/a ß

Esta es tu situación:

Ganas poco dinero, pero dispones de mucho tiempo libre, por lo que no tienes estrés.

Nunca te llevas el trabajo a casa porque prefieres separar tu vida laboral de tu vida personal. Esto hace que a veces tus jefes estén molestos contigo.

No estás muy motivado en el trabajo porque no tienes mucha responsabilidad.

A veces tu trabajo resulta muy rutinario.

1. Pídele consejo a tu compañero/a respecto a estas tres cosas:

1. No tienes buenas relaciones con los jefes.
2. Tu trabajo es rutinario.
3. Ganas poco dinero.

2. Reacciona a lo que te aconseja tu compañero/a de acuerdo con tu situación. Él/ella también te va a pedir consejo.

1. Ya sabemos de qué se va a ocupar la organización, cómo está dividido el trabajo y qué personas se hacen cargo de cada departamento. Ahora vamos a ocuparnos de la puesta en marcha de la iniciativa. ¿Qué equipamiento, infraestructura, etc. necesitamos? Haz una lista con tus compañeros/as.

ALQUILER O COMPRA DE ESPACIOS
despachos
salas de juntas
laboratorios
almacenes
aulas
....

COMUNICACIONES
teléfonos
fax
servicios de mensajería
correos

EQUIPAMIENTO INFORMÁTICO
ordenadores
redes
impresoras
escáner
multimedia
programas
....

ARTURO SORIA, edificio oficinas, 900 metros, estrenar, vigilancia, aire acondicionado, diáfano, 2.400 pesetas metro. 91 300 14 02.

AYALA, 140 metros cuadrados, trastero, cinco despachos, dos salas, dos servicios, aire acondicionado, 250.000 ptas. 91 726 85 59.

OFICINAS instaladas Manuel Becerra, dos plantas, cuatro despachos, aseos, garaje opcional, sala recepción. 160.000 ptas. 91 532 81 44.

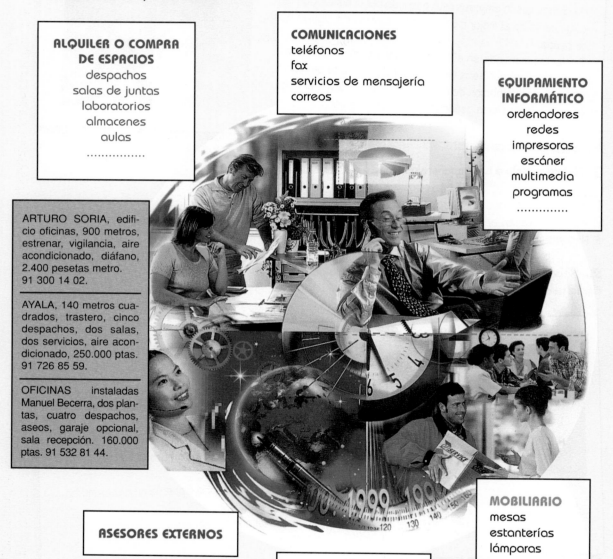

MOBILIARIO
mesas
estanterías
lámparas
....

ASESORES EXTERNOS

PUBLICIDAD

 2. Hemos recibido una subvención de 100 millones de pesetas (aprox. 600.000 euros). Ahora hay que decidir en qué invertimos este dinero. Con tu compañero/a, elige de la lista anterior 5 cosas imprescindibles. Piensa por qué consideras fundamentales estas cinco cosas.

Ejemplo: *Si compráramos un buen equipo informático, nos ahorraríamos mucho trabajo.*

FINAL

 3. Discutimos en el pleno para conseguir una lista definitiva de cosas. Después elaboramos un presupuesto del primer año de actividad.

FICHA DE PRESUPUESTO

	COMPRAS (mobiliario, equipos informáticos, de comunicaciones, etc.)	ALQUILER DE ESPACIOS	PUBLICIDAD	GASTOS DE PERSONAL	SUMINISTROS (electricidad, agua, etc.)	ASESORES EXTERNOS	OTROS
ENERO							
FEBRERO							
MARZO							
ABRIL							
MAYO							
JUNIO							
JULIO							
AGOSTO							
SEPTIEMBRE							
OCTUBRE							
NOVIEMBRE							
DICIEMBRE							

OBSERVACIONES

órbita 3
RUTA LITERARIA

taller de letras

1. Vamos a soñar con la realidad. Imagina que pudieras vivir nuevamente: ¿qué cosas harías? Marca tus respuestas con SÍ o NO:

- cometer errores
- correr riesgos
- hacer viajes
- perder el tiempo
- relajarte
- ser higiénico/a
- ser perfecto/a
- tener problemas

2. Ahora escribe un texto con tus respuestas y explícalas.

Por ejemplo: *Si pudiera vivir nuevamente, sería perfecto, no cometería tantos errores…*

3. Lee este poema -*Instantes,* de Nadine Stair- referido a Jorge Luis Borges.

Si pudiera vivir nuevamente mi vida, en la próxima trataría de cometer más errores. No intentaría ser tan perfecto, me relajaría más.

Sería más tonto de lo que he sido, de hecho tomaría muy pocas cosas con seriedad. Sería menos higiénico.

Correría más riesgos, haría más viajes, contemplaría más atardeceres, subiría más montañas, nadaría más ríos.

Iría a más lugares adonde nunca he ido, comería más helados y menos habas, tendría más problemas reales y menos imaginarios.

Por si no lo saben, de eso está hecha la vida, sólo de momentos, no te pierdas el ahora.

Yo era de esos que nunca iban a ninguna parte sin un termómetro, una bolsa de agua caliente, un paraguas y un paracaídas; si pudiera volver a vivir, viviría más liviano.

Si pudiera volver a vivir comenzaría a andar descalzo a principios de la primavera y seguiría hasta concluir el otoño.

Daría más vueltas en calesita, contemplaría más amaneceres y jugaría con más niños, si tuviera otra vez la vida por delante.

Pero ya ven, tengo 85 años y sé que me estoy muriendo.

¿Qué crees que significa: "Yo era de esos que nunca iban a ninguna parte sin un termómetro, una bolsa de agua caliente, un paraguas y un paracaídas…"? ¿Y "comería más helados y menos habas"? ¿Y "tendría más problemas reales y menos imaginarios"? Según el poema, ¿qué le gustaría hacer a Borges, si viviera otra vez?

4. Busca para cada párrafo del texto uno o dos adjetivos que describan cómo era el autor. Escribe luego un retrato de él utilizando esos adjetivos.

Ejemplo: Primer párrafo: perfecto, perfeccionista.

5. El poema anterior fue atribuido erróneamente al escritor argentino Jorge Luis Borges, porque una de las ideas recurrentes en la obra de este autor es la de "no haber sido feliz". A continuación te presentamos un poema auténtico de Borges titulado *1964*, del libro *El otro, el mismo*.

Ya no seré feliz. Tal vez no importa.
Hay tantas cosas en el mundo;
Un instante cualquiera es más profundo
y diverso que el mar. La vida es corta
y aunque las horas son tan largas, una
oscura maravilla nos acecha,
la muerte, ese otro mar, esa otra flecha
que nos libra del sol y de la luna
y del amor. La dicha que me diste
y me quitaste deberá ser borrada;
lo que era todo tiene que ser nada.
Sólo me queda el goce de estar triste,
esa vana costumbre que me inclina
al Sur, a cierta puerta, a cierta esquina.

Jorge Luis Borges

Escritor argentino (Buenos Aires 1899, Ginebra 1986), está considerado uno de los grandes escritores del siglo XX en lengua española. Persona de extensa formación cultural, en su poesía y en su prosa están presentes temas clave del ser humano: su comprensión de lo divino, la diferencia entre realidad e irrealidad, el mundo de los sueños, lo fantástico, etc.

Su primer libro de poemas fue *Fervor de Buenos Aires* (1923), y el más conocido, quizás, es *El oro de los tigres*. En su obra son muy representativos sus cuentos, de los que destacan *Ficciones* (1944), *El aleph* (1949) y *El libro de arena* (1975).

Léelo e identifica de qué está hablando, qué son para él la vida, la muerte, la felicidad, etc. Compara la idea general del poema con el texto de Nadine Stair.

6. Imagina ahora que pudieras cambiar algo de tu vida, por ejemplo, tus estudios, la empresa en la que trabajas, etc. ¿Qué pasaría si pudieras cambiar eso, si volvieras a vivir el momento y eligieras otra opción? Escribe un pequeño texto. Si quieres puedes seguir como modelo el texto de Stair sobre Borges.

Por ejemplo: Por si acaso no fuera cierto eso de que "sólo se vive una vez", voy a soñar con los ojos abiertos; por si fuera posible tener una segunda oportunidad. Si pudiera volver a ser la niña que fui...

RUTA LITERARIA

paisaje: pampa

1. ¿Has escuchado alguna vez la palabra "pampa"? ¿Qué asocias con ella?

2. Lee esta definición de pampa:

pampa

"Cualquiera de las llanuras extensas de la América meridional, que no tienen vegetación arbórea".

La pampa es ancha y ajena, hogar del gaucho nómada, de espíritu anárquico, solitario e individualista.
La pampa es un mar de pastos, una inmensidad desoladora, fría como una estepa o una tundra en el invierno y seca en el verano. Júpiter, la luz diurna, ilumina sus días. El mar de estrellas –con su Cruz del Sur– la cubre a la noche.
La pampa, un mar de pastos, de vientos fríos o brisas secas; un desierto verde de soledad, de supervivencia dura, individual, de poca gente, gente sobria, silenciosa, reflexiva.
La pampa argentina les habla a las estrellas en español.

3. Y como quizás la pampa más conocida es la pampa argentina, también existe un tango que rememora con nostalgia, desde la emigración, ese paisaje del alma. Escúchalo:

Adiós, Pampa mía

Adiós, Pampa mía;
me voy... Me voy a tierras extrañas...
Adiós, caminos que he recorrido,
ríos, montes y cañadas,
tapera donde he nacido...
Si no volvemos a vernos,
tierra querida,
quiero que sepas
que al irme dejo la vida.
¡Adiós...!

Al dejarte, Pampa mía,
ojos y alma se me llenan
con el verde de tus pastos
y el temblor de las estrellas,
con el canto de tus vientos
y el sollozar de vihuelas
que me alegraron a veces
y otras me hicieron llorar.

Adiós, Pampa mía;
me voy camino de la Esperanza...
Adiós, llanuras que he galopado,
sendas, lomas y quebradas,
lugares donde he soñado...
Yo he de volver a tu suelo
cuando presienta
que mi alma escapa
como paloma hasta el cielo.
¡Adiós...!

Pampa querida, me voy...

4. Aquí tienes algunas palabras que se relacionan con la pampa: ¿puedes añadir alguna más?

> *mate, boleadoras, estancia, lazo,*
> *caballo, vaca, gaucho, vihuela*

5. Hay una famosa obra literaria argentina que trata de la pampa y del gaucho: la novela *Don Segundo Sombra*, de Ricardo Güiraldes. Lee este fragmento en que se compara la pampa con el mar.

Ni un pasto entre aquel color fresco, que el sol nuevo teñía de suave mansedumbre. Me dijeron que en el ancho de una legua, entre tierra y mar, toda la costa era así: una majada monótona de lomos bayos, tersos y sin quebraduras, en que las pisadas apenas dejaban un hoyito de bordes curvos. ¿Y el mar?
De pronto, una franja azul entre las pendientes de dos médanos. Y repechamos la última cuesta. De abajo para arriba, surgía algo así como un doble cielo, más oscuro, que vino a asentarse en espuma blanca a poca distancia de donde estábamos.
Llegaba tan alto aquella pampa azul y lisa que no podía convencerme de que fuera agua. Pero unas vacas galopaban por la costa misma y mis compañeros se precipitaron arena abajo hacia ellas. Me hubiera gustado quedar un rato, si más no fuera, contemplando el espectáculo vasto y extraño para mis ojos.

Ricardo Güiraldes

Escritor argentino (Buenos Aires, 1886 - París, 1927) que escribió la novela gauchesca más importante, *Don Segundo Sombra*. Convivió con los habitantes de la pampa durante su infancia y juventud, de modo que aprendió con ellos todo lo que luego reflejó exitosamente en su obra.

Escribió prosa y verso, y entre unas pequeñas obras en prosa -que son más bien apuntes y notas, y que aparecieron tras su muerte- destaca *Pampa* (1954).

T A R E A S

1. Selecciona las palabras del texto que hacen referencia al paisaje.
2. ¿Qué elementos visuales, auditivos y táctiles encuentras?
3. ¿Qué cosas recuerda el autor que hacía en esos paisajes?
4. ¿Cuándo quiere volver a la pampa?

1. ¿Te puedes imaginar a ti mismo/a como un paisaje? Si fueras un paisaje, ¿qué tipo de paisaje serías? Dibújalo o escribe un texto descubriéndolo.

Si fuera un paisaje, sería...

2. Escribe qué serías si fueras...
   - un animal   - una música   - un olor   - una comida

3. ¿Sabes cómo te ven los/as demás? Una persona del grupo sale fuera de la clase. Los/as demás piensan en alguien del grupo. El/la compañero/a entra en clase y hace a cada uno/a una pregunta del tipo: ¿qué sería esa persona si fuera un animal/ una época/ un libro...?

Después de oír todas las respuestas, tiene que adivinar de quién se trata. El grupo tiene que continuar con otras personas.

4. Después considera cómo te ven los/as demás y si coincide con tu imagen de ti mismo/a.

5. Ahora muestra a tus compañeros/as tu paisaje y explícales cómo te ves.

EN ESTA UNIDAD HAS APRENDIDO:

VOCABULARIO:

- Recursos en que confiar: *La amistad* ....
- Contratos: *Fijo* ....
- Cambios en la vida: *Cometer errores* ....

GRAMÁTICA: Recuerda la conjugación del condicional:

	CONDICIONAL
(Yo)	
(Tú)	
(Usted, él/ella)	
(Nosotros/as)	
(Vosotros/as)	
(Ustedes, ellos/ellas)	

Y las formas de los verbos irregulares. (Recuerda que son los mismos verbos que en el futuro.)

Recuerda la conjugación del indefinido y del imperfecto de subjuntivo:

Indefinido
Imperfecto

	ESTAR	SER	HABLAR	COMER	VIVIR
(Yo)					
(Tú)					
(Usted, él/ella)					
(Nosotros/as)					
(Vosotros/as)					
(Ustedes, ellos/ellas)					

CÓMO SE DICE: Recuerda expresiones para:

- Pedir consejo: *¿Tú qué crees que es mejor?*
- Dar consejo: *Yo que tú...*

1. Escucha y ordena este diálogo.

* Bueno, pero a veces sí.

- Mira, con lo mal de dinero que vas, te recomiendo que no te compres nada, que ahorres todo lo que puedas. Yo que tú, pensaría en el futuro, en los gastos que vas a tener dentro de poco y me dejaría de coches.

* Oye, Belén, ¿tú crees que yo debería comprarme un coche?

- Sí, pero no tanto. Es mejor que se lo pidas prestado a alguien.

* Sí, pero está viejísimo.

- Ya… Mira, yo, en tu lugar, no me compraría uno nuevo. Total, no viajas casi nada.

* Sí, pero es que siempre se lo pido a la misma persona y está harta de mí.

- Pero si ya tienes uno.

 2. Recuerda que "te aconsejo que", "te recomiendo que", "es mejor que" se utilizan con subjuntivo. Escríbele una carta a un amigo o amiga que va a visitar el lugar donde vives y aconséjale qué puede hacer en él, dónde puede dormir, qué ropa debe llevar, etc.

3. Escribe el condicional en la forma "yo" de estos verbos:

Cantar, decir, poner, escribir, hablar, querer, saber, ser, haber, preferir, comprar, poder, salir, pensar, estar.

 4. Da consejos a un amigo o amiga que está en las siguientes situaciones:

1

- Tiene que ir a una fiesta de un compañero de trabajo y no sabe cómo vestirse.
Ejemplo: Yo que tú iría muy arreglado, pero no muy formal.

2

- Su jefe la ha invitado a cenar a su casa y no sabe qué llevar (vino, flores, bombones…).

3

- Le han ofrecido un nuevo empleo con un sueldo muy alto, pero en el que debe tener una gran disponibilidad de tiempo para la empresa.

- Está decidiendo a qué colegio lleva a sus hijos: cerca de su casa hay un colegio público y otro más lejos privado y bilingüe.

- Vive en una gran ciudad y quiere tener un animal de compañía. No sabe cuál.

- No sabe si comprar un piso o seguir de alquiler.

5. Marca la terminación del pretérito indefinido en la forma "ellos/as" de estos verbos.
Hablaron, supieron, tuvieron, dijeron, sacaron, escribieron.

Ahora forma el imperfecto de subjuntivo de los mismos verbos.

6. Forma el imperfecto de subjuntivo de los siguientes verbos:

Traer, ir, ser, contar, pedir, mirar, producir, beber, caer, sentirse.

7. Imagina el principio de estas frases.

Si...   me iría a vivir a una isla del Caribe.
Si...   viviría mejor.
Si...   no tendría problemas.
Si...   habría paz.
Si...   haría todo lo que no he podido hacer.
Si...   no habría injusticia en el mundo.
Si...   aprendería muchos idiomas.

8. Encadena frases para escribir un texto.

Si hablara perfectamente español...

Ejemplo: *Si hablara perfectamente español, conseguiría un puesto de trabajo en algún país hispanohablante. Si viviera en un país hispanohablante, conocería una cultura diferente a la mía. Si conociera...*

9. Lee este contrato de trabajo y contesta a las siguientes preguntas:

¿Qué actividad regula?

¿Qué tipo de contrato es?

¿Cuál es la duración del contrato?

¿Cómo es la retribución?

¿Cuáles son las partes contratantes?

¿Cómo es la jornada, completa o parcial?

¿Dónde se realiza la actividad?

CONTRATO DE TRABAJO DE DURACIÓN DETERMINADA A TIEMPO PARCIAL, CELEBRADO AL AMPARO DE LOS ARTÍCULOS 12 Y 15 DEL ESTATUTO DE LOS TRABAJADORES

MINISTERIO DE TRABAJO
Y ASUNTOS SOCIALES
INSTITUTO NACIONAL DE EMPLEO

Código Contrato

| 0 | 4 |

Sello de registro de la Oficina INEM

[X] Obra o Servicio determinado
[ ] Eventual por circunstancias de la producción
[ ] Interinidad
[ ] Temporal de trabajadores discapacitados
[ ] Situación de jubilación parcial

POR LA EMPRESA

Nº Inscripción seguridad social (cuenta cotización)

Régimen de la Seguridad Social GENERAL

Cód.prov. Número Dig.cont.
29/0437037/32

Don/D.ª MARTA CARRERAS LÓPEZ	D.N.I 5078650	En concepto de ADMINISTRADORA
Nombre o Razón Social TORRE DE BABEL, S.L.	CIF/NIF B/28790037	Actividad económica ENSEÑANZA DE IDIOMAS

Domicilio Social C/ ISLA GRACIOSA, 4	Localidad MADRID	C.Postal 00000 28034	Nº T.Trab.Planti. 16
Domicilio centro de trabajo C/ ISLA GRACIOSA, 4	Localidad MADRID	C.Postal 00000 28034	NºTrab.Centro T. 16

EL/LA TRABAJADOR/A

Don/ª ESTEBAN RAMOS DÍAZ	NAFSS 28/10413028/65	N.estudios terminados Código LICENCIADO EN FILOLOGÍA
Fecha de Nacimiento 6-12-1975	D.N.I 3214602	Domicilio C/ CLAVEL, nº 5,(28004) MADRID

Con la asistencia legal, en su caso, de D./D.ª
edad   D.N.I.   en calidad de

D E C L A R A N

Que reúnen los requisitos exigidos para la celebración del presente contrato y, en consecuencia acuerdan formalizarlo con arreglo a las siguientes:

C L Á U S U L A S

PRIMERA : La persona contratada prestará sus servicios como PROFESOR DE ESPAÑOL incluido en el grupo profesional/categoría/nivel PROFESOR AUXILIAR de acuerdo en el sistema de clasificación profesional vigente en la empresa.

SEGUNDA : La jornada de trabajo ordinaria será de   17   horas
[ ]Al día   [X]A la semana   [ ]Al mes   [ ]Al año
siendo la jornada a tiempo completo establecida en el convenio colectivo de aplicación /o la jornada ordinaria máxima legal de 34h/s. , por lo que la prestación de servicios en jornada ordinaria, sin incluir horas complementarias, supondrá un   medio   de la jornada habitual a tiempo completo en la empresa.

TERCERA : La prestación de servicios se realizará en los meses de OCTUBRE A MARZO En las semanas de
Y en los días de LUNES A JUEVES
3,5
bajo horas al día, distribuidas en el siguiente horario de tra- A razón de

CUARTA : El contrato de duración determinada a tiempo parcial se realiza para:
[ ] La realización de la obra o servicio teniendo dicha obra autonomía y sustantividad propia dentro de la actividad de la empresa.
[ ] Atender exigencias circunstanciales del mercado, acumulación de tareas o ex- ceso de pedidos, consistentes en aun tratándose de la actividad normal de la empresa. En caso de que se con- cierte por un plazo inferior a la duración máxima legal o convencionalmente establecida, podrá prorrogarse por una única vez, sin que la duración total del contrato pueda exceder de dicha duración máxima.
[ ] Sustituir a la trabajadora Margarita CASADO GARCÍA siendo la causa:
    [ ] Sustituir a trabajadores con derecho a reserva del puesto de trabajo.
    [X] Sustituir a trabajadoras por maternidad, sin bonificación de cuotas.
[ ] Sustituir trabajadores excedentes por cuidado de hijos, siendo el traba- jador que sustituye al excedente, perceptor, durante más de un año, de prestaciones por desempleo de nivel contributivo o asistencial (Disposi- ción Adicional 14ª del Real Decreto Ley 1/95).
[ ] Para cubrir temporalmente un puesto de trabajo durante el proceso de se- lección o promoción, para su cobertura definitiva. El trabajador contratado desempeñará el puesto de
[ ] Reducir la jornada de trabajo y el salario en un cuando el trabajador reúna las condiciones generales exigidas para tener de- recho a la pensión contributiva de jubilación de la Seguridad Social con ex- cepción de la edad, que habrá de ser inferior, como máximo, cinco años a la exigida.
[ ] Temporal de trabajadores discapacitados: físicos, psíquicos y sensoriales.

QUINTA : La duración del presente contrato se extenderá desde OCTUBRE (1999) hasta MARZO (2000).

SEXTA : El/la trabajador/a percibirá una retribución total de (SEGÚN CONVENIO) pesetas brutas, que se distribuyen en los siguientes conceptos salariales

SÉPTIMA : Se establece un periodo de prueba de

OCTAVA : El presente contrato se regulará por lo dispuesto en la legislación vigente que resulte de aplicación y particularmente por el artículo 12 del Esta- tuto de los Trabajadores, según la redacción dada por el Real Decreto Ley 15/1998 de 27 de noviembre (BOE de 28 de noviembre), y artículo 15 del Estatuto de los Trabajadores, según redacción dada por la Ley 63/1997, de 26 de diciembre (BOE de 30 de diciembre), y Real Decreto 2.720/98, de 18 de Diciembre (BOE de 8 de enero), por el que se desarrolla el citado artículo 15 del Estatuto de los Tra- bajadores.

NOVENA : El presente contrato se registrará en la Oficina de Empleo de:ESTRECHO

DÉCIMA : Ambas partes se comprometen a comunicar el fin de la relación laboral al INEM cuando esta se produzca, de conformidad con lo establecido en art. 42.3 de la Ley 51/1980, de 8 de octubre, Básica de Empleo.

CLÁUSULAS ADICIONALES

Y para que así conste, se extiende este contrato, por triplicado ejemplar en el lugar y fecha a continuación indicados, firmando las partes interesadas.

En , a de de 1999
El/la Trabajador/a   El/la representante   El/la representante legal
    de la empresa   del/la menor, si procede

tema 4

La voluntad de Marte

El planeta Marte, de luz roja, es el más próximo a la Tierra. Se le relaciona con la energía disponible y sus modos de expresión. En la mitología romana, el dios Marte, asociado a Ares griego, era la divinidad de la guerra, de la lucha, de la fuerza.

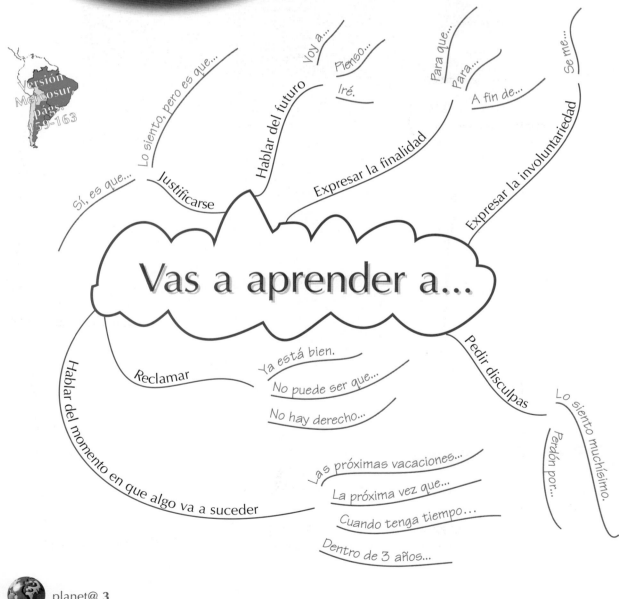

Versión Mercosur págs. 159-163

Vas a aprender a...

- Justificarse
  - Sí, es que...
  - Lo siento, pero es que...
- Hablar del futuro
  - Voy a...
  - Pienso...
  - Iré.
- Expresar la finalidad
  - Para que...
  - Para...
  - A fin de...
- Expresar la involuntariedad
  - Se me...
- Reclamar
  - Ya está bien.
  - No puede ser que...
  - No hay derecho...
- Hablar del momento en que algo va a suceder
  - Las próximas vacaciones...
  - La próxima vez que...
  - Cuando tenga tiempo...
  - Dentro de 3 años...
- Pedir disculpas
  - Lo siento muchísimo.
  - Perdón por...

QUERER ES PODER

1. ¿Qué crees que significa esta frase? ¿Qué relación encuentras entre esta imagen y la frase? ¿Qué pueden estar intentando estas mujeres?

2. Piensa en diez metas que tienes para el futuro en el terreno personal o profesional. Piensa cuáles de ellas son a corto, a medio y a largo plazo.

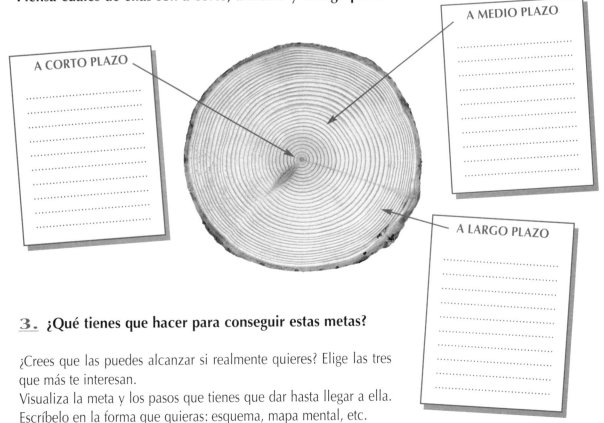

A CORTO PLAZO

A MEDIO PLAZO

A LARGO PLAZO

3. ¿Qué tienes que hacer para conseguir estas metas?

¿Crees que las puedes alcanzar si realmente quieres? Elige las tres que más te interesan.
Visualiza la meta y los pasos que tienes que dar hasta llegar a ella.
Escríbelo en la forma que quieras: esquema, mapa mental, etc.

órbita 1
LENGUAJE COLOQUIAL

1. ¿Qué asocias con el futuro?

2. Escucha la grabación de una encuesta sobre la opinión de estas personas acerca del futuro. Toma notas y rellena el cuadro.

¿Le preocupa el futuro? ¿Sí? ¿No?

¿Qué le preocupa?

1	2	3	4	5	6

3. Vamos a hablar sobre el futuro y vamos a descubrir tu carácter. Rellena este test.

Test

1. ¿Qué es para ti el futuro?:
a. Lo que voy a hacer.
b. Ver si mis planes y mis intenciones se cumplen o no.
c. El futuro es el mañana.
d. No sé.

2. ¿Qué vas a hacer este fin de semana?:
a. Voy a hacer lo que más me gusta.
b. Pienso hacer algo divertido, no sé, lo que quieran mis amigos.
c. Este fin de semana hago lo de siempre.
d. No sé qué haré, ya veremos.

3. ¿Sabes qué vas a hacer las próximas vacaciones?:
a. Sí, tengo muy claro qué voy a hacer.
b. Pienso hacer algo, pero todavía no sé qué.
c. Hago lo de siempre, me gustan las cosas conocidas.
d. Nunca sé lo que haré.

4. ¿Tienes planes para los próximos años?:
a. Sé lo que voy a hacer, pero no sé cómo va a resultar al final.
b. Ideas y planes tengo muchos, pero en concreto, no sé.
c. Yo no pienso, actúo.
d. Pues mira, no, ya se verá.

5. ¿Qué harás cuando seas anciano/a?:
a. Voy a vivir muy tranquilo/a.
b. Pienso hacer todo lo que no he podido hacer.
c. Vivir.
d. ¿Quién sabe dónde estaré, cómo estaré...?

Soluciones:

• *Si tienes mayoría de respuestas a, eres una persona muy decidida, tienes muy claro lo que quieres y cómo va a ser tu futuro. No dejas nada al azar. Tienes una voluntad muy fuerte.*

• *Si tienes mayoría de respuestas b, te mueves en el terreno de las intenciones: piensas lo que quieres hacer, haces tus planes, pero estás abierto/a a sorpresas y cambios.*

• *Si tienes mayoría de respuestas c, no piensas, sino actúas. El futuro no es algo que te preocupe, actúas en el momento en que algo ocurre. Eres una persona de acción.*

• *Si tienes mayoría de respuestas d, para ti el futuro es una incógnita. Vives el presente, el futuro es "lo que tenga que ser, será". No planificas el futuro, sino que él te arrastra, te dejas llevar por los nuevos acontecimientos.*

Comenta con el resto de la clase los resultados y discute si son correctos o no.

4. ¿Te has fijado en que hay cuatro formas para hablar del futuro? Con cada una de ellas expresamos cuál es la intención con la que hablamos del futuro. Relaciona las columnas.

Versión Mercosur, pág. 159

a. Presentamos las cosas como ya decididas.

b. Expresamos una intención.

c. Anunciamos o predecimos algo, sin tener mucha seguridad.

d. Anunciamos algo ya programado.

1. Expresar la idea en presente:
   Mañana voy al cine.

2. Expresar la idea en futuro:
   Nunca sé lo que haré después.

3. Expresar la idea con IR A + INFINITIVO:
   Este año me voy a ir de vacaciones a Los Andes.

4. Expresar la idea con PENSAR + INFINITIVO:
   El próximo año pienso trabajar menos y vivir mejor.

Localiza en el test y en el diálogo estas formas para hablar del futuro y decide, junto con tus compañeros/as, cuáles de ellas expresan intención, decisión, predicción, etc.

5. Habla con tu compañero/a sobre lo que va a suceder o vas a hacer en estos momentos.

- Mañana.
- El sábado.
- El próximo año.

- Las próximas vacaciones.
- El mes que viene.
- Dentro de diez años.

Observa

PARA HABLAR DE UN MOMENTO FUTURO UTILIZAMOS LAS SIGUIENTES EXPRESIONES:

Mañana.
Pasado mañana.
El/la próximo/a + expresión de tiempo.
El/la + expresión de tiempo + que viene.
Dentro de + número de unidad de tiempo.

Mañana *no vengo a clase.*
Pasado mañana *es fiesta.*
La próxima *semana me voy a ir de vacaciones.*
La *semana* que viene *hay un concierto muy bueno.*
Dentro de *dos meses me iré de viaje.*

**Versión Mercosur,
págs. 159-160**

6. Mira la agenda de Susana Jiménez y di qué cosas va a hacer esta semana. Hoy es lunes. Utiliza las expresiones para hablar del tiempo futuro.

AGENDA SEMANAL

Lunes
10:00 Reunión con el decano de la universidad.
18:00 Clase de piano.
21:30 Cena con Roberto y María.

Martes
13:00 Mandar fax a Edelsa.
14:00 Comida con la sra. Calle.
18:00 Yoga.

Miércoles
11:00 Reunión con los representantes sindicales.

Jueves
17:30 Foniatra.
21:00 María. Cervecería Arenal

Viernes
8:30 - Consultores
      - Contratos
13:30 Comida con el delegado.
23:00 Discoteca Chuletín. Juan.

Sábado
12:00 Partido de tenis.
20:00 Teatro María Guerrero: La Vida es Sueño.

Domingo
Excursión. (Recoger a Javi.)

GRAMÁTICA ACTIVA

7. ¿Qué deseos de estos niños crees que es posible que se cumplan y cuáles no?

   1. Cuando sea mayor, voy a ser médico y voy a salvar a muchas personas.
   2. Pues yo quiero ser profesora y hacer que todos los niños sepan leer.
   3. Dentro de 15 años no tendré que ir al colegio.
   4. Estudiaré ingeniería y, cuando termine la universidad, me haré astronauta.
   5. Yo pienso ser muy rico y, cuando sea rico, no trabajaré nada de nada.
   6. Yo quiero ser un papá.
   7. En cuanto me hagan la foto, me voy a quitar los zapatos.
   8. La próxima vez que tenga en brazos a mi hermano, estaré sentada.
   9. Quiero jugar al fútbol con estos y les voy a meter 15 goles.
  10. La próxima vez que vaya a una fiesta me traigo a mi muñeca.
  11. Quiero que me den ya mi papilla: me lo voy a comer todo.
  12. A ver si me cambian de una vez el pañal.
  13. De mayor voy a ayudar al Tercer Mundo, para que no haya más hambre.

8. Observa y escribe los ejemplos del texto.

PARA DEFINIR UN MOMENTO DEL FUTURO

Cuando
En cuanto   } + SUBJUNTIVO
La próxima vez que

**Versión Mercosur,
págs. 160-162**

....
....
....

9. Hoy es el cumpleaños de Pedro. Sale a las 5 de trabajar y su fiesta comienza a las 9. No tiene nada preparado en casa. Se ha escrito una lista con las cosas que tiene que hacer.

Bloc de notas

✔ ir a recoger la tarta a la pastelería
✔ limpiar y adornar la casa
✔ comprar bebida y enfriarla
✔ pedirle sillas a la vecina de al lado
✔ avisar a los vecinos de la fiesta
✔ dejar al niño con los abuelos
✔ ducharse, afeitarse y arreglarse
✔ arreglar el equipo de música
✔ llamar a Marta y Rodrigo
✔ comprar y preparar la comida:
tortilla de patata, gazpacho, sangría...

Organiza estas acciones para que la fiesta sea un éxito.

Primero voy a llevar al niño a casa de los abuelos, porque... y, en cuanto deje al niño, voy a...

Imagina también cómo sería una organización que hiciera que la fiesta fuera un desastre.

10. Aquí tienes lo que estas personas van a hacer. ¿Cuándo crees que van a hacerlo? Ordénalo como a ti te parezca y escribe frases como en el modelo.

Modelo: En cuanto compre el regalo (a, b), haré la maleta (d); en cuanto haga la maleta...

3
 a
 b
 c
 d

práctica global 1

1. Según una idea muy popular, para sentirse satisfecha en la vida una persona debe

escribir un libro,
plantar un árbol
y tener un hijo o una hija.

1

2

3

¿Tú qué crees? ¿Qué es importante hacer en la vida?
Con tu compañero/a haz una lista de las diez cosas más importantes que hay que hacer para sentirse a gusto en la vida.

2. Reparte la mitad de las frases para ti y la otra para tu compañero/a.

3. Muévete por la clase y pregunta a tus compañeros/as si alguien piensa realizar alguna de las cinco actividades propuestas. Si alguien te contesta que sí, infórmate de cuándo espera realizarla.

4. Reúnete con tu compañero/a y haz con él/ella una lista de las actividades que piensa hacer cada compañero/a de clase y cuándo.

órbita 2
LENGUAJE PROFESIONAL

__1.__ **Lee este folleto. ¿De qué trata?**

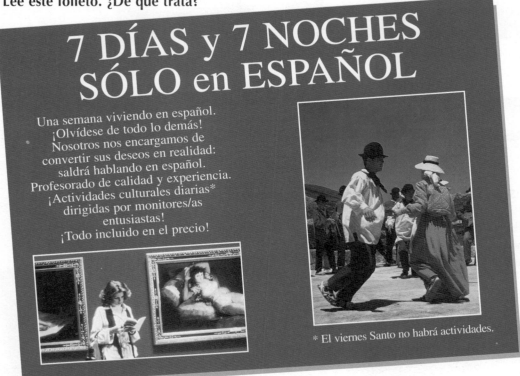

7 DÍAS y 7 NOCHES SÓLO en ESPAÑOL

Una semana viviendo en español.
¡Olvídese de todo lo demás!
Nosotros nos encargamos de
convertir sus deseos en realidad:
saldrá hablando en español.
Profesorado de calidad y experiencia.
¡Actividades culturales diarias*
dirigidas por monitores/as
entusiastas!
¡Todo incluido en el precio!

* El viernes Santo no habrá actividades.

__2.__ **Escucha la cinta. ¿Qué problema tienen?**

__3.__ **Contesta a estas preguntas.**

1. ¿Qué le prometieron al cliente en la secretaría de la escuela?

2. ¿Quién crees que tiene razón? ¿Por qué?

3. ¿Qué dice el folleto sobre las actividades?

__4.__ **Lee ahora el diálogo y <u>subraya</u> las expresiones para reclamar que encuentres.**

- Buenas tardes. Mire, vengo a reclamar que no se cumple lo que me prometieron. Cuando en la secretaría de la escuela me decidí por su oferta de curso intensivo, me prometieron que habría actividades todos los días para que nos desentendiéramos de todo, y ahora me encuentro con que el viernes, como es fiesta, no hay nada.

* Sí, sí. Pero en el folleto pone que este viernes no se trabaja, el personal también tiene derecho a descansar, ¿no?

- Sí, pero en otra parte del folleto dice que hay siete actividades a la semana. No puede ser que pague por siete actividades y sólo me den seis.

* Sí, ya lo sé, pero esta semana es especial. Para que todo funcione debidamente, hay que dar el descanso necesario a cada empleado.

- No, mire, yo creo que si ustedes se comprometen a hacer actividades todos los días, tienen que hacerlas y, si no, tienen que devolverme el importe de un día. A esto no hay derecho.

* No, es una cuestión de interpretación. En el folleto está bien claro que este viernes no trabajamos. Yo interpreto que usted ha leído esa información, se ha inscrito en este curso y, por lo tanto, ha aceptado las condiciones del contrato.

- ¿Qué contrato? Perdone, no sé de qué contrato me habla.

* Aquí lo pone muy claro: "El abajo firmante acepta las condiciones expuestas en el presente documento y declara estar conforme con ellas". Esto es un contrato privado entre usted y nosotros. ¿No lo ha leído?

- No, se me habrá pasado. De todas maneras no estoy de acuerdo. Yo creo que legalmente tengo razón.

Observa

PROTESTAR Y RECLAMAR

Vengo a reclamar...
Quiero reclamar...
Quería reclamar…
No puede ser que…
No hay derecho.
Ya está bien.

JUSTIFICARSE ANTE UNA PROTESTA

Sí, es que…
Lo siento, pero es que…
Tiene usted razón, pero es que…
Sí, ya lo sé, pero…

PEDIR DISCULPAS

Lo siento muchísimo.
Perdón por…
Lo siento.

 # Relaciona

5.

a. Tienes una habitación
en un hotel de cinco estrellas
y las sábanas están rotas.

b. Has comido en un restaurante de lujo
y cuando das tu tarjeta de crédito para pagar,
te dicen que no aceptan tarjetas.

c. Es la segunda vez que se te
estropea el disco duro de tu ordenador nuevo. El técnico no te da
ninguna explicación.

1. ¿Cómo es posible que no acepten
este modo de pago?
No puede ser que no den otras
opciones de pago a sus clientes.

2. Pero, ¿cómo es posible que pase
esto cada dos por tres? ¡Vaya servicio técnico! ¡Ya está bien!

3. ¿Cómo es que un hotel de esta
categoría ofrece un servicio tan
deplorable? ¡No hay derecho!

6. Con tu compañero/a elige una de estas situaciones para desarrollarla en un juego de roles.

1. Cliente:
En el hotel dejaste la ropa para que te la lavaran.
Te prometieron que la tendrías en un día, pero no está lista.
Hablas con la recepcionista.
Recepcionista:
La planchadora se ha puesto enferma.

2. Cliente:
Has llevado el vídeo a arreglar y sigue sin funcionar.
Hablas con el dependiente.
Dependiente:
No sabes qué ha pasado.

3. Cliente:
Has hecho un viaje y los hoteles no eran de primera clase,
como te habían ofrecido.
Hablas con el responsable de la agencia de viajes.
Responsable:
El folleto dice que es un viaje de aventura por un país
con poca infraestructura hotelera.

4. Cliente:
Has comprado una camisa que tiene un roto.
El dependiente te pide el tique, pero tú lo has perdido.
Hablas con el dependiente.
Dependiente:
Sin tique de caja no puedes devolver nada.

7. Una persona protesta por algunas cosas.
Justifícate.

1. ¿No me has traído el informe? No puede ser.
   Ejemplo: Es que se me ha olvidado.

2. ¿Que no tienes las llaves de la casa?
   Pues a ver cómo entramos...
3. Anda, el jarrón chino está roto.
4. ¿Y la comida? Tengo muchísima hambre.
5. ¿Llamaste a Juan?
6. ¿Que no me has traído el libro que te presté?

Versión Mercosur, pág. 162

Para ayudarte

PARA EXPRESAR LA INVOLUNTARIEDAD
DE UNA ACCIÓN

Se me +   ha perdido
             ha olvidado
             ha roto

...

GRAMÁTICA ACTIVA

Relaciona

8. Relaciona estas frases referidas al diálogo de la actividad 2.

a. Deberían devolverme el dinero
b. El viernes no hay actividades
c. Hay que leer bien los contratos
d. Me he inscrito en este curso

1. para que no haya después malentendidos.
2. para que ustedes hagan lo que más les guste.
3. para compensarme por los cambios.
4. para no tener que preocuparme por nada.

9. En las frases anteriores se expresa la finalidad de las acciones. ¿Puedes marcar cómo la expresan? ¿Sabes cuándo se usa el subjuntivo?

Versión Mercosur, pág. 163

Observa

EXPRESAR LA FINALIDAD

Para
A fin de   } + INFINITIVO
Con el fin de   + **que** + SUBJUNTIVO

Toma, estas invitaciones son para ir gratis al teatro.

Me ha dado estas invitaciones para que vayamos gratis al teatro.

10. Aquí tienes la descripción de la situación de algunas empresas. También tienes lo que van a hacer. Imagina las finalidades de estas acciones.

1. La empresa tiene un equipamiento informático insuficiente; los empleados trabajan muchas horas, pero su trabajo es poco productivo. La empresa va a modernizar su equipamiento informático.
Ejemplo: La empresa va a modernizar su equipamiento informático para tener uno más rápido y operativo, con el fin de rentabilizar el trabajo de los empleados.

2. La empresa ha hecho una oferta muy rentable a la empresa Interal. La competencia está haciendo otra oferta a Interal. Quiere firmar el contrato con Interal cuanto antes.
3. Hay poca comunicación entre los altos directivos de la empresa y los mandos intermedios. Si la situación continúa así, habrá conflictos. Los mandos intermedios han convocado una reunión.
4. La imagen corporativa de la empresa está poco definida. Por eso, el Departamento de Marketing ha acudido a un gabinete de imagen.
5. La empresa ha aceptado un proyecto de colaboración. Como el proyecto es enorme, el trabajo va despacio y no se puede facturar nada hasta que no se haya finalizado; la empresa está buscando un asesor legal.

1. Vamos a escuchar esta canción, que tiene la forma de una "instancia", o sea, una carta de petición o protesta.

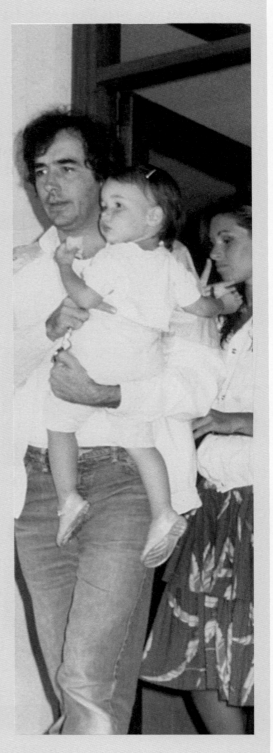

A QUIEN CORRESPONDA:

Un servidor, Joan Manuel Serrat, casado, mayor de edad, vecino de Campodrón, Girona, hijo de Ángeles y de Josep, de profesión cantautor, natural de Barcelona, según obra en el Registro Civil, hoy, lunes, 20 de abril de 1981, con las fuerzas de que dispone, atentamente EXPONE dos puntos:

Que las manzanas no huelen,
que nadie conoce al vecino,
que a los viejos se les aparta
después de habernos servido bien.
Que el mar está agonizando,
que no hay quien confíe en su hermano,
que la tierra cayó en manos
de unos locos con carnet.
Que el mundo es de peaje y experimental,
que todo es desechable y provisional.
Que no nos salen las cuentas,
que las reformas nunca se acaban,
que llegamos siempre tarde
donde nunca pasa nada.

Por eso y muchas deficiencias más que en un anexo se especifican, sin que sirva de precedente, respetuosamente SUPLICA:

Se sirva tomar medidas
y llamar al orden a esos chapuceros
que lo dejan todo perdido
en nombre del personal.
Pero hágalo urgentemente
para que no sean necesarios
más héroes ni más milagros
"pá" adecentar el local.
No hay otro tiempo que el que nos ha "tocao".
Acláreles quién manda y quién es el "mandao".
Y si no estuviera en su mano
poner coto a tales desmanes,
mándeles copiar cien veces:
"Esas cosas no se hacen".

Gracia que espera merecer del recto proceder de quien no suele llamarse a engaño, a quien Dios guarde muchos años. AMÉN.

2. Contesta a estas preguntas.

1. ¿Qué datos o información sabemos del autor de esta carta?
2. ¿Qué cosas no le gustan?
3. ¿Qué es lo que pide a las autoridades?
4. ¿Para qué tienen que hacer urgentemente lo que pide?
5. ¿Crees que tiene razón?

3. Piensa ahora un tema sobre el que quieras pedir algo o reclamar. Aquí te damos algunas pistas; elige con tu compañero/a el tema que quieras.

- El índice de paro juvenil es cada día más alto y eso hace que los jóvenes se enfrenten a un futuro incierto. La juventud tiene que ser cada vez más competitiva.
- Gran parte de la comunicación actual en el mundo del trabajo se realiza por correo electrónico o fax. En algunos casos esto hace que la comunicación entre las personas sea cada vez más impersonal. Además, se está perdiendo mucho lenguaje en esa comunicación tan rápida.
- La industrialización descontrolada está destruyendo el medio ambiente. Si no se detiene esa falta de control, en pocos años no quedarán espacios naturales.
- Otros: ....

4. Ahora te damos el modelo de una instancia para hacer una petición o una reclamación. Escribe tú una con tu compañero/a.

SR., SRA. ....

Don/Doña *(tu nombre)* ...., *(estado civil)* ...., mayor de edad, DNI número ...., vecino/a de *(tu ciudad)* ...., hijo/a de *(nombre de tu madre)*................ y de *(nombre de tu padre)* ...., de profesión .... y natural de *(la ciudad donde naciste)* ...., a Vd. atentamente

EXPONE:
Que ....
....
....

Por todo lo cual, SUPLICA a Vd. que ....
....
....

Es gracia que espera alcanzar de Vd.

(Lugar) ...., *(fecha -día, mes, año-)* ....

Firma

Sr./Sra. ....

TAREA

1. Ya tenemos toda la iniciativa organizada. Ahora vamos a ver los planes de actuación futura en algún ámbito (financiero, de marketing, de publicidad, de recursos humanos, etc.). Piensa con tu compañero/a cinco proyectos que os gustaría poner en marcha y ordénalos secuenciados en el tiempo.

Proyecto

1. En primer lugar...
2. En segundo lugar...
3. En tercer lugar...
4. En cuarto lugar...
5. En último lugar...

Para ayudarte

Tan pronto como...
En cuanto...
Así que...
Cuando...

2. Piensa cuáles son los objetivos y la finalidad de esos cinco proyectos.

DESCRIPCIÓN DEL PROYECTO	1	2	3	4	5
Objetivos					
Finalidad					

3. En el pleno se presentan todos los proyectos y sus objetivos y se discuten. Hay que llegar a un acuerdo y fijar los cinco que se van a llevar a cabo.

....
....
....

4. Hay que fijar ahora qué pasos hay que dar para que estos proyectos funcionen.

....
....
....

Para ayudarte

Primero
Luego
Después
Tan pronto como
En cuanto
...

FINAL

5. Por último hablamos de los plazos: cuándo creemos que podremos realizar estos proyectos, cuáles son a corto, medio y largo plazo. Hay que fijar en qué momento los llevaremos a cabo. Para ayudarte, aquí tienes unos modelos de representación.

CALENDARIO POR PASOS.

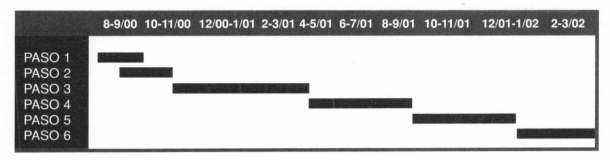

	8-9/00	10-11/00	12/00-1/01	2-3/01	4-5/01	6-7/01	8-9/01	10-11/01	12/01-1/02	2-3/02
PASO 1										
PASO 2										
PASO 3										
PASO 4										
PASO 5										
PASO 6										

CALENDARIO DEL PRIMER PASO: DISEÑO Y DESARROLLO.

Descripción de cada tarea

TAREAS	FECHA DE COMIENZO	FECHA DE FINALIZACIÓN
....	1/8/00	21/8/00
....	1/8/00	21/8/00
....	1/8/00	24/8/00
....	21/8/00	24/8/00
....	21/8/00	4/9/00
....	1/9/00	4/9/00
....	7/9/00	11/9/00
....	7/9/00	25/9/00
....	24/9/00	29/9/00

6. Escribe un informe:

OBJETIVO:

Para alcanzar el objetivo fijado vamos a................. En cuanto................................, haremos...

órbita 3
RUTA LITERARIA

taller de letras

1. Lee este texto: ¿Sabes de qué está hablando el autor?

Nadie habrá dejado de observar que con frecuencia
el suelo se pliega de tal manera que una parte
sube en ángulo recto con el plano del suelo,
y luego la parte siguiente se coloca paralela a este plano,
para dar paso a una nueva perpendicular,
conducta que se repite en espiral o en línea quebrada
hasta alturas sumamente variables.

Si no sabes de qué se trata, intenta dibujarlo: a lo mejor eso te ayuda.

2. Vamos a leer el resto del texto.

Agachándose y poniendo la mano izquierda en una de las partes verticales, y la derecha en la horizontal correspondiente, se está en posesión momentánea de un peldaño o escalón.

Cada uno de estos peldaños, formados como se ve por dos elementos, se sitúa un tanto más arriba y adelante que el anterior, principio que da sentido a la escalera, ya que cualquier otra combinación producirá formas quizá más bellas o pintorescas, pero incapaces de trasladar una planta a un primer piso.

Las escaleras se suben de frente, pues hacia atrás o de costado resultan particularmente incómodas. La actitud natural consiste en mantenerse de pie, los brazos colgando sin esfuerzo, la cabeza erguida aunque no tanto que los ojos dejen de ver los peldaños inmediatamente superiores al que se pisa, y respirando lenta y regularmente. Para subir una escalera se comienza por levantar esa parte del cuerpo situada a la derecha abajo, envuelta casi siempre en cuero o en gamuza, y que salvo excepciones, cabe exactamente en el escalón. Puesta en el primer peldaño dicha parte, que para abreviar llamaremos pie, se recoge la parte equivalente de la izquierda (también llamada pie, pero que no ha de confundirse con el pie antes citado), y llevándola a la altura del pie, se le hace seguir hasta colocarla en el segundo peldaño, con lo cual en este descansará el pie, y en el primero descansará el pie. (Los primeros peldaños son siempre los más difíciles, hasta adquirir la coordinación necesaria. La coincidencia de nombre entre el pie y el pie hace difícil la explicación. Cuídese especialmente de no levantar al mismo tiempo el pie y el pie.)

Llegando en esta forma al segundo peldaño, basta repetir alternadamente los movimientos hasta encontrarse con el final de la escalera. Se sale de ella fácilmente, con un ligero golpe de talón que la fija en su sitio, del que no se moverá hasta el momento del descenso.

3. Contesta a estas preguntas sobre el texto:

1. ¿Cuál crees que es el título de este texto?
- Descripción de una escalera
- Cómo funciona una escalera
- Instrucciones para subir una escalera
- Otro: ....
2. Empieza por:
- el pie derecho
- el pie izquierdo
3. El tono del texto es (puede haber varias respuestas):
- serio
- científico
- humorístico
- aburrido

Julio Cortázar

Escritor argentino (1914, Bruselas, Bélgica-1984, París, Francia), fue un prosista innovador en cuento y novela. De influencia surrealista, destacó como cultivador de la narración fantástica.

Con su dominio del lenguaje compuso singulares relatos de una gran originalidad estilística. Su libro de cuentos más conocido es *Bestiario*, y la novela que le dio fama internacional, *Rayuela*, en la que se rompió por primera vez la obligada convención lineal y cronológica.

4. De acuerdo con las pautas que te damos aquí, reescribe el texto simplificándolo. Para ayudarte, aquí tienes algunas acciones y algunas finalidades.

Primero póngase de frente a las escaleras para que pueda subirlas cómodamente. En cuanto esté de frente...

Acciones:	Finalidad:
- ponerse de frente	- subir cómodamente
- tener la cabeza erguida	- no perder de vista los peldaños superiores
- levantar el pie derecho	- empezar a subir
- poner el pie derecho en el peldaño	....
- recoger el pie izquierdo	....
- llevar el pie izquierdo a la altura del pie derecho	....
- poner el pie derecho en el peldaño	....
- colocar el pie izquierdo en el segundo peldaño	....
- no levantar al mismo tiempo el pie derecho y el pie izquierdo	- no caerse
	....

5. ¿Por qué no escribes un texto como el de Cortázar: *Instrucciones para...?* ¿Te has fijado en que el texto tiene dos partes, una en la que describe una escalera y otra en la que da instrucciones para subir por ella? Escribe un texto: piensa en una cosa cotidiana, como abrir una puerta, tomar un café con leche y azúcar, dar un beso, atarse los cordones de los zapatos, silbar, etc.

RUTA LITERARIA

paisaje: cordillera

1. ¿Qué asocias con "cordillera"?

cordillera

2. Escucha esta canción, *El cóndor pasa*, procedente del ámbito geográfico de una cordillera. ¿Sabes cuál? ¿Qué identificas con ella?

Decir "cordillera" es decir los Andes, columna vertebral de América que se alza al cielo con sus violentas aristas nevadas, impresionante sucesión de lomas, picos, faldas, en los que resuena la impenetrable lengua quechua.

El alma se engrandece ante un horizonte apenas real, demasiado grandioso, casi imposible. Nuestra mirada, sobrecogida, se adentra en los secretos del cielo y de las nubes, nuestro aliento se corta y nuestro cuerpo apenas se atreve a esbozar un ascenso hacia su propia alma.

Los Andes también les hablan a los vientos en español.

3. Lee este texto del escritor peruano Ciro Alegría y profundiza en su comprensión realizando las tareas.

Ciro Alegría

Escritor y político peruano (1909-1967), con su novela *El mundo es ancho y ajeno* es considerado el principal representante del movimiento literario indianista de América Latina, junto con el boliviano Alcides Arguedas, que escribió *Raza de bronce*, y el ecuatoriano Jorge Icaza, que escribió *Huasipungo*.

Alegría insiste en el sentido que tiene para el indio su relación con la naturaleza, y cuestiona su capacidad de adaptación a los cambios que el progreso trae consigo.

Rosendo Maqui (...) subió también porque le gustaba probar la gozosa fuerza de sus músculos en la lucha con las escarpadas cumbres y luego, al dominarlas, llenarse los ojos de horizontes.

Amaba los amplios espacios y la magnífica grandeza de los Andes. Gozaba viendo el nevado Urpillau, canoso y sabio como un antiguo amauta; el arisco y violento Huarca, guerrero en perenne lucha con la niebla y el viento; el aristado Huilloc, en el cual un indio dormía eternamente de cara al cielo; el agazapado Puma, justamente dispuesto como un león americano en trance de dar el salto; el rechoncho Suni, de hábitos pacíficos y un poco a disgusto entre sus vecinos; el eglógico Mamy, que prefería prodigarse en faldas coloreadas de múltiples sembríos y apenas hacía asomar una arista de piedra para atisbar las lejanías, éste y ése y aquél y esotro...

El indio Rosendo los animaba de todas las formas e intenciones imaginables y se dejaba estar mucho tiempo mirándolos.

En el fondo de sí mismo, creía que los Andes conocían el emocionante secreto de la vida.

T A R E A S

1. En este texto se describen algunos picos de la cordillera de los Andes. En la descripción, el indio Rosendo Maqui anima y da rasgos de persona a cada uno. Escribe los adjetivos.

- Urpillau ....   - Huarca ....   - Huilloc ....
- Puma ....   - Suni ....   - Mamy ....

2. Haz una lista de las palabras que se utilizan en el texto para describir el paisaje.

3. Tal vez te hayan sorprendido los nombres de los picos. Son nombres quechuas. Quizá sabes que en esta zona se habla el quechua, una lengua antigua que hablaban los habitantes del imperio inca. Escucha esta canción, *Hermanochay*, en lengua quechua. Describe el sonido de esta lengua y qué te sugiere.

1. Mira estas viñetas: ¿Qué crees que está sucediendo? ¿Dónde están los personajes? ¿Cómo están? ¿Qué miran?

2. ¿Cómo ha llegado esta persona a la fiesta? Imagina una historia con un factor sorpresa y dibújala en viñetas para que tus compañeros/ as hagan hipótesis.

EN ESTA UNIDAD HAS APRENDIDO:

 VOCABULARIO:

- Sobre el futuro: ....
- Para organizar una fiesta: *Cubitos de hielo...*
- Del mundo de la empresa: ....

GRAMÁTICA: Recuerda la conjugación del perfecto de subjuntivo.

- Formas para hablar del futuro:
    - Intenciones
    - Decisiones
    - Predicciones
    - Proyectos

- Se utiliza el subjuntivo con expresiones temporales cuando:
....
....

- Para expresar la involuntariedad:
....
....

- Para expresar la finalidad:
    - para
    - a fin de
    - con el fin de + ...

CÓMO SE DICE: Recuerda expresiones para:

- Definir un momento futuro: ....
- Protestar y reclamar: ....
- Justificarse ante una protesta: ....
- Pedir disculpas: ....
- Dar instrucciones: ....
- Organizar un relato: ....

En autonomía

1. Escucha este diálogo y contesta con verdadero o falso.

	V	F

1. Jesús se ha olvidado de hacer un informe.
2. A Jesús no le gusta escribir al ordenador.
3. Jesús es muy previsor, todo lo hace con mucho tiempo.
4. El trabajo es muy urgente.
5. Irene está harta de los favores de Jesús.
6. Irene le va a hacer el trabajo a Jesús.

2. Ahora lee la transcripción del diálogo. Subraya las expresiones para protestar y pedir perdón.

Versión Mercosur, pág. 163

* Oye, Irene, ¿me puedes hacer un favor?
- ¿Qué?
* Mira, es que se me ha olvidado que tengo que entregar este informe esta tarde y, además, se me ha estropeado la impresora. ¿Puedes pasarme esto a tu ordenador para que yo mientras pueda ir arreglando la impresora?
- Hombre, Jesús, no puede ser que siempre estés en las mismas, dejando para el último momento todo y pidiendo a los compañeros que te ayuden. Ya está bien.
* Ya, ya lo sé, perdona. Pero es que esta vez se me ha pasado de verdad y... bueno, es muy urgente.
- Estoy harta de tus urgencias y de tus olvidos, no hay derecho a que me estés interrumpiendo todo el día con tus cosas.
* Ya, ya, tienes razón, pero es que esto lo necesito para que el cliente esté satisfecho y para que finalmente nos dé el proyecto. No es momento para discusiones de este tipo.
- Bueno, te ayudo por esta vez, pero que sea la última.

3. Escribe las expresiones en estas columnas. ¿Puedes completarlas?

Protestar	Pedir perdón y justificar

4. Imagina que estás en las siguientes situaciones. Escribe un diálogo en el que protestas.

- Un amigo te pidió la cámara de fotos hace un año y todavía no te la ha devuelto. Todos los días te dice que te la va a traer, pero nunca lo hace. La necesitas cuanto antes.

- Tu compañero/a de piso ha perdido las llaves y ahora tenéis que cambiar la cerradura. Siempre está perdiendo las cosas.

 5. Formula hipótesis utilizando PUEDE QUE + SUBJUNTIVO, PUEDE SER QUE + SUBJUNTIVO o el futuro de probabilidad.

1. Tu mejor amigo se ha ido hace dos meses a la Patagonia. Todavía no ha regresado ni ha escrito o llamado.
2. Has mandado tu *curriculum vitae* a una empresa. No te han llamado ni te han escrito.
3. Tu gato ha salido esta mañana al jardín. Son las doce de la noche y todavía no ha regresado.
4. Hoy es tu cumpleaños, son las 5 de la tarde y todavía no te ha llamado ningún amigo para felicitarte.
5. Tu pareja ha vuelto a casa y ni siquiera te ha saludado.
6. Has quedado con un amigo en la Puerta del Sol a las 5. Son las 5:30 y todavía no ha llegado.

 6. Mira estas frases y relaciónalas con la columna de la derecha:

a. Este verano voy a ir a la playa.

b. Creo que vendrá.

c. Pienso vivir unos años en otro país.

d. Voy a hacer un voluntariado, quizá ahora no, pero el año que viene o el siguiente.

e. No insistas. Yo, a esa fiesta no voy.

f. No sé si podré hacerlo.

1. intenciones

2. cosas decididas

3. predicciones no seguras

4. cosas ya programadas

7. Piensa en tu vida actual: ¿qué planes y decisiones tienes? Escríbelo.

....

....

....

....

....

8. Relaciona.

a. ser mayor
b. tener dinero
c. llegar a casa
d. cumplir 18 años
e. terminar la carrera
f. vivir en el campo

1. comprar un descapotable
2. independizarse
3. hacer un viaje de un año
4. ser futbolista
5. darse una ducha
6. tener un gato y un perro

Y ahora escribe las frases utilizando "cuando, en cuanto, tan pronto como + SUBJUNTIVO".

1. ....
2. ....
3. ....
4. ....
5. ....
6. ....

 9. Escribe los verbos entre paréntesis en la forma adecuada.

1. Cuando (cobrar, yo) .... la paga extraordinaria, me voy a hacer un viaje increíble, porque necesito romper con la rutina.

2. Julián dice que en cuanto (terminar) .... la carrera, se irá de voluntario al Tercer Mundo. Allí necesitan muchos médicos.

3. ¡Estoy deseando decirle a Alberto que le quiero! Tan pronto como (aparecer, él) .... por la puerta, se lo digo.

4. Cuando (tú, ir) .... a Granada, no dejes de darte un paseo por el Albaicín. Es un barrio precioso, y muy típico.

5. En cuanto (ellos, saber) .... que estás aquí, vendrán a saludarte. Ya sabes que te aprecian mucho.

6. Tan pronto como (nosotros, tener) .... un coche nuevo, iremos a pasar un fin de semana en una casa rural en León.

7. ¿Cuando vas a empezar con tu nuevo trabajo? Pues en cuanto me (ellos, mandar) .... el contrato y lo firmemos. Calculo que será la semana próxima.

8. Cuando nuestro alcalde (introducir) .... la nueva normativa de tráfico, el centro estará menos atascado. Es muy necesario.

9. Nuria y Mateo están pensando tener un hijo. Yo creo que en cuanto (ellos, mudarse) .... al nuevo piso, empezarán a intentarlo.

10. El periódico dice que en cuanto (crecer) .... la tasa de natalidad, el gobierno dispondrá medidas de ayuda a las familias numerosas.

10. Cuando tengas resueltas las líneas horizontales de este crucigrama, leerás en vertical una bonita palabra.

VERTICAL

1. _ _ _ _ _ _

HORIZONTALES

1. En carnaval la gente los suele llevar.
2. Agua sólida.
3. Recipientes para posar la ceniza de los cigarrillos.
4. Para bailar se necesita.
5. No puede haber un cumpleaños sin una .... con velas.
6. Recipiente para beber.

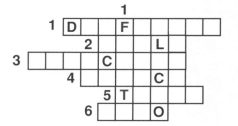

 11. Completa estas frases.

1. Te he traído este jersey para...
2. Me he comprado un ordenador más moderno con el fin de..
3. Me escribió una carta de disculpa a fin de...
4. Quiero verte para...
5. Convocó la reunión de urgencia con el fin de..

 12. Transforma las oraciones causales en finales.

1. Llegó tarde a casa, y, como no quería despertar a los que estaban durmiendo, se quitó los zapatos. Al llegar a la habitación no encendió la luz porque no quería que su madre se diera cuenta de que había llegado tan tarde, se desnudó a oscuras y se metió en la cama. Como al día siguiente tenía que levantarse muy pronto, puso el despertador a las 6,30 y se durmió pensando en su última aventura, porque no quería olvidarla.

2. Como el coche no funcionaba bien, se pasó todo el fin de semana arreglándolo. Al final llamó a un técnico, porque quería asegurarse de que todo estaba bien, ya que se iba de viaje.

 13. Completa los diálogos.

tema 5
La experiencia
de la Tierra

El planeta Tierra, llamado "el planeta azul", es el que habitamos. Se le relaciona con la realidad, con lo tangible.
En la mitología clásica a la Tierra se la identifica con Gea, esposa de Urano (el Cielo).

Versión Mercosur págs. 164-165

Vas a aprender a...

Relatar en pasado
- Entonces...
- En aquella época...
- Hace tiempo...

Referirte a las palabras de otro/a
- Dice que...
- Según...

Organizar el relato
- Al final...
- Primero...
- Después...

Dar recados
- Dice que...
- De parte de... que

Transmitir las palabras de otro/a
- Me dijo que...
- Contó que...

Hablar de acciones anteriores a otras pasadas
- Cuando...

1. ¿Qué significa para ti la palabra "experiencia"?

¿Qué asocias a la palabra "experiencia"?

2. Comenta con tus compañeros/as lo que significa cada una de estas palabras.

EXPERTO/A   EXPERIMENTADO/A   EXPERIMENTAR

EXPERIMENTO   EXPERIMENTAL

3. El escritor español Ramón de Campoamor escribió una vez:

En este mundo traidor
nada es verdad ni es mentira.
Todo es según el color
del cristal con que se mira.

Alguien dijo también:

La experiencia no es lo que te sucede, sino lo que tú haces con lo que te sucede.

En el libro sobre Programación Neurolingüística (PNL) de O'Connor y Seymour se da el ejemplo de una tormenta.

¿Qué significa? Nada bueno si estamos caminando por la calle sin paraguas, pero algo bueno para los campesinos si hay sequía; algo malo si hemos organizado una fiesta en el jardín, algo bueno si el partido de fútbol se interrumpe y nuestro equipo estaba perdiendo.

Así pues, el significado de cualquier acontecimiento depende del marco en que lo sitúes, y la mala suerte es tan sólo un punto de vista: el patito feo se convierte en cisne, el sapo en príncipe, etc.

¿Estás de acuerdo con ello?

Comenta con tu compañero/a algún suceso de tu vida o de la de alguien conocido que en principio te haya parecido malo y que después haya sido positivo para tu o su desarrollo.

órbita 1
LENGUAJE COLOQUIAL

1. ¿Te consideras una persona con mucha experiencia?

¿Por qué?

☐ Porque he viajado mucho, he visto muchos lugares.
☐ Porque he vivido muchas situaciones extremas.
☐ Porque he conocido a personas muy diferentes.
☐ Porque he estado casado/a tres veces.
☐ Porque me ha pasado de todo, alegrías y penas.
☐ Porque he vivido y trabajado en diferentes países.
☐ Porque he estudiado cuatro carreras.
☐ Porque he pensado mucho.
☐ Porque soy mayor.
☐ Porque he tenido muchos/as hijos/as.
☐ Porque soy psicólogo/a y tengo una consulta.

¿Dónde te sitúas tú en este termómetro de la experiencia? ¿Por qué?

2. Clasifica las experiencias de la lista anterior en internas y externas. ¿Cuáles pesan más en tu nivel de experiencia? Preséntaselo a tu clase.

INTERNAS	EXTERNAS

3. Escucha en la cinta un diálogo entre Montse y su nieta, Ana.
Aquí tienes datos importantes de la historia reciente de España. Escucha la cinta y sitúa en el cuadro los acontecimientos de la vida de Montse.

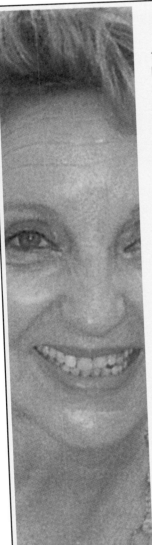

HISTORIA RECIENTE DE ESPAÑA

1931 Se proclama la Segunda República. El rey Alfonso XIII se exilia.

1936 Una gran parte del Ejército, encabezada por el general Francisco Franco, se levanta en armas. Inicio de la Guerra Civil.

1939 El ejército rebelde, es decir, los partidarios de Franco, entra en Madrid y Barcelona. Fin de la Guerra Civil española.

1946 La ONU acuerda la retirada de los embajadores en España. Inicio del aislamiento internacional.

1950 Se acaba el aislamiento internacional.

1956 Choques estudiantiles contra el Gobierno. Se decreta el Estado de excepción y se cierra la Universidad de Madrid.

1958 Se promulgan los Principios Generales del Movimiento (Leyes que deberán regir la vida española).

1959 Eisenhower, presidente de los Estados Unidos, visita Madrid.

1969 El príncipe Juan Carlos, actual Rey de España, es nombrado sucesor por el general Franco.

1970 Nixon, presidente de Estados Unidos, en Madrid.

1973 Atentado terrorista de ETA; muerte del almirante Carrero Blanco, presidente del Gobierno.

1975 Muerte del general Franco.

1977 Primeras elecciones libres. Pactos de la Moncloa.

1978 Se vota la Constitución democrática española, después de casi cuarenta años de dictadura.

1981 Intento de golpe de Estado (23-F, o sea, el 23 de febrero).

1982 Primera victoria socialista. Felipe González, líder del Partido Socialista Obrero Español (PSOE), presidente del Gobierno.

1985 España ingresa en la CEE.

1986 España ingresa en la OTAN.

1996 El Partido Popular (PP) gana las elecciones.

¿Te has fijado en estas formas para relacionar acontecimientos?:

Antes de... / Después de...
Poco después...
El mismo día, mes, año en (el) que...

Entonces...
Ese mismo día, mes, año...
X años, días, meses después de...

Cuando...
En aquella época...

Con tu compañero/a organiza el relato de la vida de Montse utilizando estas expresiones.
Después todas las parejas presentan los resultados y comparan:
Ejemplo: Montse nació el mismo año en que se proclamó la República. Cuando empezó la guerra...

GRAMÁTICA ACTIVA

4. Lee la transcripción del diálogo que acabas de escuchar. Como verás, en él aparecen muchos verbos en pasado. Vamos a analizarlos para saber cuándo se usan. Para ello, marca todos los tiempos del pasado y después escribe los ejemplos concretos en el esquema que está después del texto.

- Oye, abuela, ¿cuántos años tienes?

* Uy, hija, muchos.

- Entonces, habrás vivido muchas cosas, ¿no?

* Pues sí. He vivido la última historia de España. Verás, yo nací el año 31. Poco después empezó la Guerra Civil. En aquella época pasamos mucho miedo y mucha hambre. Mi padre ya había muerto y por eso nos sentíamos muy solas. En el 39 nos vinimos a Madrid: mi madre había encontrado un trabajo, antes de terminar la guerra... La posguerra fue peor que la guerra. Después de la guerra, en Madrid, pasamos más hambre de la que habíamos pasado en la guerra.

- Y al abuelo, ¿cuándo lo conociste?

* Pues mira, cuando tenía 19 años. Entonces yo trabajaba en el ministerio. Tu abuelo había venido cuatro años antes y ese mismo año coincidimos en el despacho. Tres años después nos casamos.

- ¿Cómo era el abuelo?

* Pues era un hombre estupendo, muy buena persona, muy trabajador, alegre... Me acuerdo de cuando compramos nuestro primer coche en el 56, un seiscientos... Nos fuimos a celebrarlo a la Casa de Campo. Fue el mismo año en el que nació tu tío. El abuelo estaba contentísimo.

- ¿Y cuándo murió?

* Murió muy joven. ¿Cuándo fue? En el 82. Cuatro años después naciste tú.

- ¿Y cuándo nació mamá?

* A ver... fue en el 58: me acuerdo de que aquel día en la radio estaban hablando de una nueva ley.

| Para hablar de acontecimientos | Cuando no nos interesa precisar el momento. | |
| | Cuando queremos precisar el momento. | |

| Para valorar acciones pasadas | La posguerra fue peor que la guerra. |

Para describir	La situación en la que ocurre un acontecimiento.	
	Describir o evocar el pasado.	Entonces, yo trabajaba en el ministerio.
	Describir personas, su carácter, estado de ánimo, etc.	
	Describir acciones en desarrollo.	

| Para hablar de acontecimientos pasados anteriores a otros acontecimientos o situaciones pasadas. | |

5. ¿Te has fijado en que en el último cuadro aparece un nuevo tiempo? Se llama pluscuamperfecto. Con tus compañeros/as, escribe la forma.

(Yo) ....
(Tú) ....
(Usted, él/ella) ....
(Nosotros/as) ....
(Vosotros/as) ....
(Ustedes, ellos/ellas) ....

6. Mira a esta persona y las diferentes expresiones en que la dibujaron. Imagina ahora qué le había pasado antes para llegar a estar así.

Ej.: 1. Había estado trabajando mucho tiempo en el ordenador y ya estaba aburrida.

ABURRIDA

7. Lee estos acontecimientos, imagina otros acontecimientos que pasaron antes y completa.

Ej.: Terminé la carrera en 1987. Un año antes ya había empezado a trabajar y ya había hecho la mili.

a. Terminé la carrera en 1987...
b. Me compré un piso...
c. Conocí al hombre/a la mujer de mi vida...
d. Estuve viviendo fuera de mi país...

1. Me fui a vivir con Juana...
2. Escribí un libro...
3. Hice un viaje fantástico...
4. Dejé de trabajar...

 # Relaciona

8.

a. Cuando me casé...
b. Cuando era pequeño/a...
c. Cuando tenía 18 años...
d. Cuando me fui a Perú...
e. Cuando llegué a casa...
f. Cuando te conocí...
g. Cuando vivía en Buenos Aires...
h. Cuando estaba viviendo en México...
i. Cuando me jubilé...
j. Cuando llegué a la estación...

1. aprendí a conducir.
2. tenía 21 años.
3. trabajaba en una empresa de informática.
4. me fui a vivir a Mallorca.
5. tenía 64 años.
6. el tren ya había salido.
7. María todavía no había cenado.
8. vivía en Barcelona.
9. conocí a mi actual pareja.
10. supe que eras el gran amor de mi vida.

Práctica global 1

1. Piensa en los datos más importantes de la historia reciente de tu país o del mundo y escríbelos.

Versión Mercosur, págs. 164-165

....
....
....
....
....
....
....
....
....
....
....

2. Con los datos de todos/as vamos a confeccionar una lista de los acontecimientos más importantes.

....
....
....
....
....

Para ayudarte

En 19.. / En 20..
El 14 de... de...
En mayo de 19.. / de 20..
El lunes, 14 de...

3. Ahora piensa en tu vida, en las pequeñas y grandes cosas. Relaciónalas con los datos de la lista y escribe un texto en el que explicas tu vida.

....
....
....
....
....

Para ayudarte

Antes de...
Después de...
X años/días/meses después de...
Poco después...
El mismo día/mes/año en (el) que...
Ese mismo día/mes/año...
En aquella época...
Entonces...
Cuando...

4. Revolvemos los papeles de todos/as. Elige uno de ellos, léelo y adivina de quién es.

5. Relaciona la vida de tu compañero/a con tu propia vida.

....
....
....
....
....
....
....

1. Escucha esta conversación entre la señora Vergara y el señor Gascón.

2. Este es el orden del día de la reunión. Marca de qué puntos se habla en la conversación.

ORDEN DEL DÍA

1. Resultados económicos del ejercicio anterior: cuenta de resultados.
2. Balance oficial: impuesto de sociedades.
3. Influencia de la crisis económica mundial y medidas que hay que tomar.
4. Previsiones para el próximo ejercicio.
5. Estado del proceso de fusión con PANTASA.
6. Estudio de mercado: expansión a nuevos mercados y labores de promoción.
7. Ruegos y preguntas.

3. Vuelve a escuchar la cinta y toma notas de los datos más importantes de los puntos que se han tratado.

4. Lee la transcripción del diálogo. En él, la señora Vergara reproduce lo que se dijo en la reunión. Subraya de un color cuando ella está transmitiendo informaciones que hace suyas, con las que está de acuerdo, y de otro color cuando transmite informaciones que no hace suyas, con las que no está de acuerdo. Contrasta los resultados con tus compañeros/as y juntos/as hacemos un esquema en la pizarra.

- ¿Qué tal la reunión del otro día?
* Bien, un poco larga, mucha información. Pero bien, productiva.
- Y, ¿de qué se habló?
* Pues, primero, Contabilidad presentó los resultados. Dijo que los beneficios habían aumentado un 5% respecto al año pasado, que habíamos conseguido una moderación en los gastos superior a la prevista, o sea, que muy bien. También nos contó que los resultados para este año y los años próximos serían, si todo sigue como hasta ahora, muy positivos.
- ¡Qué bien!, ¿no?
* Después Dirección informó de que las negociaciones con PANTASA respecto a la fusión iban muy bien. Dijo que todo estaba en proceso de negociación, pero que ya se estaban cerrando algunos puntos y que preveía que en un plazo de seis meses se firmaría el acuerdo.
- No te veo muy segura.

* Pues no, yo he oído otras cosas. Se dice por ahí que las cosas no van tan bien, que las cuentas reales no corresponden a lo que Contabilidad ha presentado, que los gastos han sido mayores de lo que dicen, que las negociaciones con PANTASA están en un punto crítico, que no hay confianza entre las dos partes, pero bueno, ya veremos, el tiempo dirá. Hay gente, como yo, que dice que los próximos años van a ser difíciles. En cualquier caso, se nos pidió que continuemos controlando gastos, que seamos muy discretos con todo el tema de las negociaciones y que evitemos, en la medida de lo posible, que se cree un clima de crisis, de inseguridad entre los empleados.
- Bueno, claro, eso lo veo normal.
* Y, por último, como todos los años, Ramírez insistió en que entregáramos cuanto antes nuestros planes de vacaciones, pero nadie le hizo caso.

5. Clasifica esas informaciones según si se refieren al presente, al pasado o al futuro.

	Son palabras ajenas.	Las hace suyas.
Presente	*Ej.: La Dirección informó de que las negociaciones iban muy bien.*	
Pasado		
Futuro		

> Fíjate en los tiempos de los verbos. Transmitir las palabras de otras personas no siempre es una tarea fácil. Imagina que alguien te ha dicho: *"Las clases del profesor son muy malas"*. ¿Cómo se lo puedes decir a tu profesor?
> Cuando transmitimos las palabras de otra persona (y no hay ninguna circunstancia temporal que obligue a cambiar los tiempos de los verbos), podemos hacer dos cosas:
> 1. Transmitirlas indicando que son palabras de otra persona.
> 2. Transmitirlas haciéndolas nuestras.

6. Marca con una cruz la respuesta adecuada.

1. Cuando transmitimos información que alguien ha dado sobre el presente, y la hacemos nuestra, utilizamos **decir + que +** verbo en presente ☐
   decir + que + verbo en imperfecto ☐

2. Cuando transmitimos información que alguien ha dado sobre el presente, y queremos indicar que son palabras ajenas, utilizamos **decir + que +** verbo en presente ☐
   decir + que + verbo en imperfecto ☐

3. Cuando transmitimos información que alguien ha dado sobre el pasado, y queremos indicar que son palabras ajenas, utilizamos **decir + que +** verbo en pluscuamperfecto ☐
   decir + que + verbo en cualquier tiempo del pasado ☐

4. Cuando transmitimos información que alguien ha dado sobre el pasado, y la hacemos nuestra, utilizamos **decir + que +** verbo en pluscuamperfecto ☐

    decir + que + verbo en cualquier tiempo del pasado ☐

5. Cuando transmitimos información que alguien ha dado sobre el futuro, y queremos indicar que son palabras ajenas, utilizamos **decir + que +** verbo en forma que exprese futuro ☐

    decir + que + verbo en condicional ☐

6. Cuando transmitimos información que alguien ha dado sobre el futuro, y la hacemos nuestra, utilizamos **decir que +** verbo en forma que exprese futuro ☐

    decir que + verbo en condicional ☐

7. Ha habido una reunión y el encargado ha dicho: "La situación de la empresa es muy buena". Ahora, mira estas formas de transmitir esa información y relaciónalas con las situaciones.

1. Ha dicho
  que la situación de la empresa era buena.
2. Ha dicho
  que la situación de la empresa es buena.

A. Estás seguro/a de que la situación de la empresa es buena.
B. No estás seguro/a de lo que el encargado ha dicho.

8. Imagina que transmites estas ideas de otra persona sobre la situación mundial. Transmítelas e interprétalas de acuerdo con tu opinión:

La situación económica mundial es muy buena.

> - *Ha dicho que la situación económica mundial es muy buena y puede que tenga razón, porque cada vez hay más posibilidades de hacer negocios.*
> - *Ha dicho que la situación económica mundial era muy buena, pero yo no estoy tan seguro/a, porque cada vez hay más desigualdades entre ricos y pobres.*

1. Acuerdos como la Unión Europea o Mercosur benefician a todo el mundo.
2. En los próximos años se solucionarán todos los problemas económicos y se evitarán las crisis financieras.
3. Los países en vías de desarrollo nunca alcanzarán el nivel de los países desarrollados.
4. Solucionar las diferencias entre el Norte y el Sur pasa por una globalización de la economía mundial.
5. Sólo con una liberalización de la economía se puede alcanzar un alto rendimiento económico.
6. El trabajo está distribuido de una manera cada vez más justa.
7. Los próximos años demostrarán que sólo la empresa privada es capaz de mantener un nivel de competitividad aceptable.
8. Para acceder a un puesto de trabajo mejor será necesario tener dominio de varios idiomas, manejar perfectamente los ordenadores y tener una preparación no necesariamente universitaria.

✔ El cambio de circunstancia temporal se trabajará en *Planet@ 4*.

GRAMÁTICA ACTIVA

9. Escucha los recados que hay en el contestador automático de la empresa de Óscar Maluquer y anótalos en A o B según corresponda:

A

Han llamado a Óscar porque quieren que Óscar...

B

Han llamado a Óscar porque quieren informarle de...

10. Estos son los mensajes que ha escrito la secretaria de Óscar. Léelos, escucha la cinta otra vez y pon el número que corresponde a cada uno.

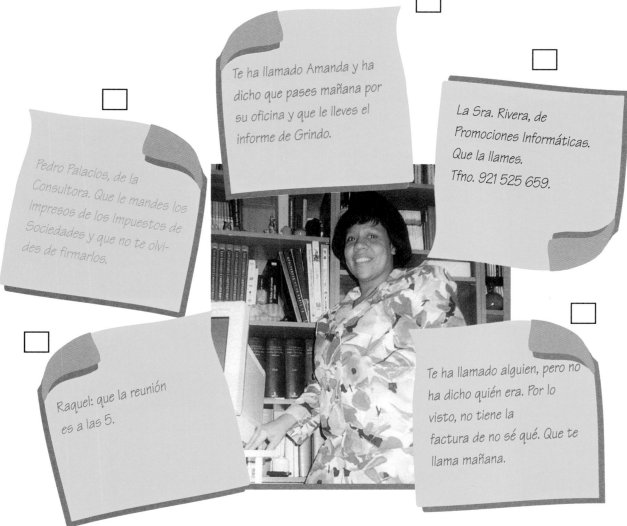

Te ha llamado Amanda y ha dicho que pases mañana por su oficina y que le lleves el informe de Grindo.

La Sra. Rivera, de Promociones Informáticas. Que la llames. Tfno. 921 525 659.

Pedro Palacios, de la Consultora. Que le mandes los impresos de los Impuestos de Sociedades y que no te olvides de firmarlos.

Raquel: que la reunión es a las 5.

Te ha llamado alguien, pero no ha dicho quién era. Por lo visto, no tiene la factura de no sé qué. Que te llama mañana.

Marca ahora en qué mensajes se transmite una información y en qué mensajes se transmite la petición de que Óscar haga algo. ¿Te has fijado en cómo se transmiten esas peticiones?

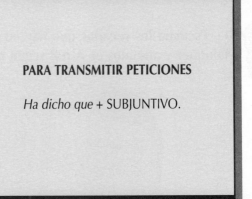

PARA TRANSMITIR PETICIONES

Ha dicho que + SUBJUNTIVO.

11. Imagina que tú también llamas a Óscar y le dejas recados en el contestador:

- Quieres informarle de que la Sra. Rivas estará en la reunión del próximo día.
- Quieres que Óscar te llame el miércoles antes de las 10.
- Quieres informarle de que el banco no ha concedido el crédito.
- Quieres pedirle una lista de posibles clientes.
- Quieres comer con él para hablar de unos asuntos.

Dijo que + IMPERFECTO DE SUBJUNTIVO.

Ayer llamó la directora y dijo que fueras a verla.

Dijo que le enviaras las ofertas de los nuevos productos.

Me pidió que le pasara al ordenador el texto del anuncio.

12. Federico trabaja en un banco. Ayer estaba muy ocupado con la cantidad de cosas que el director le pidió que hiciera. Imagina qué cosas le pidió.

Ej.: El director le pidió que hiciera todos los pagos pendientes.

Para ayudarte

transferencia, saldo, cuenta, crédito, pagos, correspondencia, cajero automático, impresos, etc.

1. Imagina que trabajas en la centralita de una pequeña empresa, ExitoSA. Escucha estas llamadas y escribe los correspondientes mensajes.

1. Sr. Barquero
   Sra. Aragón, propuesta

2. Sra. Coto, recado
   Urgente

3. Susana
   Marcelo
   Mercedes, planificación semanal

4. Pedido
   Presupuesto

5. Irene Rosado
   Cita, compromiso

2. Trabaja con tu compañero/a. Uno/a llama para dejar un recado para otra persona de la clase. El/la compañero/a recoge el recado.

Ahora levántate y transmite el mensaje al/a la destinatario/a.

Para __Sr. Barquero__
Fecha __Lunes__ Hora __10.09__ ☒ AM ☐ PM

DURANTE SU AUSENCIA

el Sr/a __Sra. Aragón__
de _____
Tel _____
   Prefijo   Número   Extensión

HA TELEFONEADO ☒   DESEA QUE LE LLAME ☐
DESEA UNA ENTREVISTA ☐   VOLVERÁ A LLAMAR ☒
HA VENIDO A VISITARLE ☐   URGENTE ☐
       DEVUELVE SU LLAMADA ☐

Mensaje __Tiene una propuesta__
__que hacerle.__
....
....
....

RECIBIDO POR

ORDEN Nº

Para _____
Fecha _____ Hora _____ ☐ AM ☐ PM

DURANTE SU AUSENCIA

el Sr/a _____
de _____
Tel _____
   Prefijo   Número   Extensión

HA TELEFONEADO ☐   DESEA QUE LE LLAME ☐
DESEA UNA ENTREVISTA ☐   VOLVERÁ A LLAMAR ☐
HA VENIDO A VISITARLE ☐   URGENTE ☐
       DEVUELVE SU LLAMADA ☐

Mensaje ....
....
....
....
....

RECIBIDO POR

ORDEN Nº

1. Vamos a recordar individualmente los momentos más importantes en el proceso de creación de nuestra iniciativa. Tómate algunos minutos para pensar y toma notas en un papel.

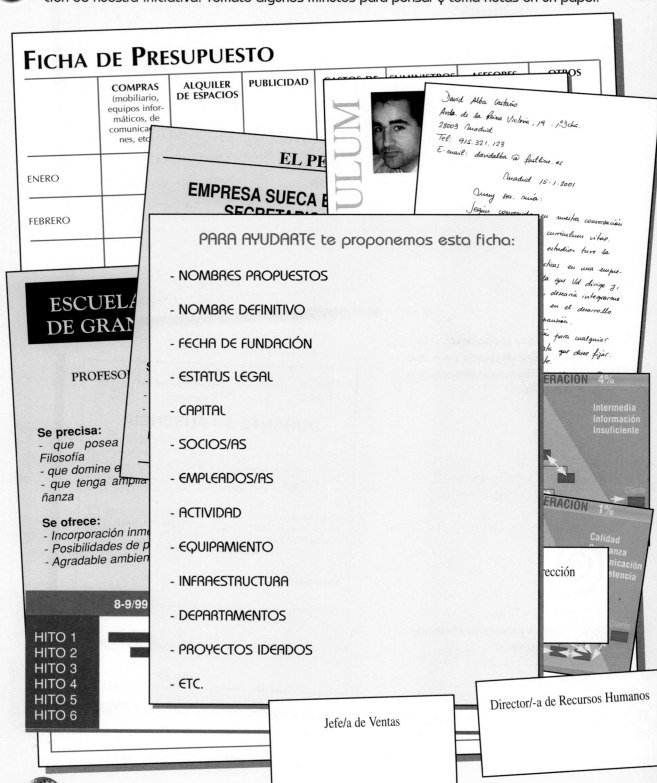

FICHA DE PRESUPUESTO

	COMPRAS (mobiliario, equipos informáticos, de comunica... nes, etc...	ALQUILER DE ESPACIOS	PUBLICIDAD	GASTOS DE	SUMINISTROS	ASESORES	OTROS
ENERO							
FEBRERO							

CURRÍCULUM

David Alba Castaño
Avda. de la Reina Victoria, 19 - 1ºDcha.
28003 Madrid
Tel: 915.321.123
E-mail: davidalba @ fastline.es

Madrid 15-1-2001

Muy sra. mía:

Según conversamos en nuestra conversación... currículum vitae...

EL PE...

**EMPRESA SUECA ...
SECRETARIO...**

PARA AYUDARTE te proponemos esta ficha:

- NOMBRES PROPUESTOS
- NOMBRE DEFINITIVO
- FECHA DE FUNDACIÓN
- ESTATUS LEGAL
- CAPITAL
- SOCIOS/AS
- EMPLEADOS/AS
- ACTIVIDAD
- EQUIPAMIENTO
- INFRAESTRUCTURA
- DEPARTAMENTOS
- PROYECTOS IDEADOS
- ETC.

ESCUELA...
DE GRAN...

PROFESO...

Se precisa:
- que posea ...
Filosofía
- que domine e...
- que tenga amplia...
ñanza

Se ofrece:
- Incorporación inme...
- Posibilidades de p...
- Agradable ambien...

8-9/99

| HITO 1 |
| HITO 2 |
| HITO 3 |
| HITO 4 |
| HITO 5 |
| HITO 6 |

...ERACIÓN 4%
Intermedia
Información
Insuficiente

Cliente

...ERACIÓN 1%
Calidad
...anza
...icación
...etencia

...rección

Cliente

Jefe/a de Ventas

Director/-a de Recursos Humanos

2. Ahora vamos a presentar nuestra iniciativa a un grupo de expertos/as en creación de empresas. Estamos en la reunión para preparar la presentación. Ponemos en común nuestras notas.

Aquí tienes algunos elementos importantes para describir una iniciativa:

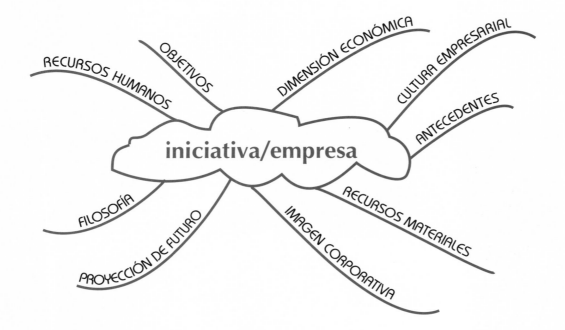

 3. A la hora de presentar la iniciativa, tenemos que organizar la presentación y tener en cuenta los siguientes elementos concretos:

- ESTRUCTURA DE LA PRESENTACIÓN: partes, puntos...

- SOPORTE FÍSICO: - documentos, gráficos, estadísticas...
                         - escrito, proyectado, grabado, etc.

- DOCUMENTACIÓN QUE SE REPARTIRÁ ENTRE LOS/AS ASISTENTES:
                         - Dossier, resumen, memoria...
                         - En papel, en soporte informático (disquete), en vídeo, etc.

- PONENTES...

 4. Ahora hacemos el ensayo general de la presentación. Después evaluamos cómo ha quedado y si se han transmitido bien los contenidos.

órbita 3
RUTA LITERARIA

taller de letras

1. Piensa en un amigo o amiga de la infancia o juventud a quien no has vuelto a ver. Imagina que te encuentras con él/ella: ¿Qué le dices tú? ¿Qué te cuenta él/ella? ¿Has cambiado mucho desde entonces? ¿Y él/ella?

2. Lee este texto.

Tía Pilar y tía Marta se encontraron una tarde varios años, hijos y hombres después de terminar la escuela primaria. Y se pusieron a conversar como si el día anterior les hubieran dado el último diploma de niñas aplicadas.

La misma gente les había transmitido las mismas manías, el mismo valor, los mismos miedos. Cada una a su modo había hecho con todo eso algo distinto. Las dos de sólo verse descubrieron el tamaño de su valor y la calidad de sus manías, dieron todo eso por sabido y entraron a contarse lo que habían hecho con sus miedos.

La tía Pilar tenía los mismos ojos transparentes con que miraba el mundo a los once años, pero la tía Marta encontró en ellos el ímpetu que dura hasta la muerte en la mirada de quienes han pasado por un montón de líos y no se han detenido a llorar una pena sin buscarle remedio.

Pensó que su amiga era preciosa y se lo dijo. Se lo dijo por si no lo había oído lo suficiente, por las veces en que lo había dudado y porque era cierto. Después se acomodó en el sillón, agradecida porque las mujeres tienen el privilegio de elogiarse sin escandalizar. Le provocaba una ternura del diablo aquella mujer con tres niños y dos maridos que había convertido su cocina en empresa para librarse de los maridos y quedarse con los niños, aquella señora de casi cuarenta años que ella no podía dejar de ver como a una niña de doce: su amiga Pilar Cid.

– ¿Todavía operan lagartijas tus hermanos?- preguntó Marta Weber. Se había dedicado a cantar. Tenía una voz irónica y ardiente con la que se hizo fama en la radio y dolores en la cabeza. Cantar había sido siempre su descanso y su juego. Cuando lo convirtió en trabajo, empezó a dolerle todo.

Se lo contó a su amiga Pilar. Le contó también cuánto quería a un señor y cuánto a otro, cuánto a sus hijos, cuánto a su destino.

Entonces la tía Pilar miró su pelo en desorden, sus ojos como recién asombrados, y le hizo un cariño en la cabeza:

– No tienes idea del bien que me haces. Temí que me abrumaras con el júbilo del poder y la gloria. ¿Te imaginas? Lo aburrido que hubiera sido.

Se abrazaron. Tía Marta sintió el olor de los doce años entre su cuerpo.

Ángeles Mastretta (México), *Mujeres de ojos grandes*

3. Contesta a estas preguntas.

¿A qué edad dejaron de verse tía Pilar y tía Marta?
¿Qué edad tienen ahora?
¿Qué ha sucedido en sus vidas en los años que han pasado? ¿Cómo ha sido su vida profesional y su vida afectiva?
¿Qué cosas tienen en común y qué cosas las diferencian? ¿Qué experiencias han tenido ambas?

4. Ángeles Mastretta ha querido hablarnos en este texto sobre temas diferentes. Comenta junto con tus compañeros/as todo lo que el texto te dice sobre estos temas.

Ángeles Mastretta

Nació en Puebla (México) en 1949. Periodista y escritora, obtuvo el Premio Mazatlán en 1985 por su novela *Arráncame la vida*, ya traducida a más de once idiomas.
Otras obras suyas son *Mujeres de ojos grandes* (1991) y *Mal de amores* (1996).

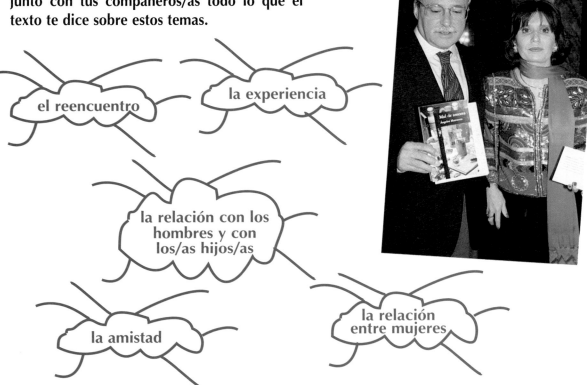

el reencuentro

la experiencia

la relación con los hombres y con los/as hijos/as

la amistad

la relación entre mujeres

¿Cuál de estos temas te parece que tiene más peso en el texto? ¿Cuál te interesa más? Coméntalo con tus compañeros/as.

5. Imagina que hace un tiempo te reencontraste con el amigo o amiga de la infancia o juventud que has pensado antes. Recrea la situación.

¿Dónde tuvo lugar el encuentro?
¿Qué aspecto tenía tu amigo/a?
¿Cómo había cambiado físicamente?
¿Qué había pasado en su vida profesional y afectiva? ¿Y en la tuya?
¿Qué sentías? ¿Cómo era la relación? ¿Qué había cambiado?

Escribe un texto sobre ese encuentro: puede ser un relato, una poesía…

RUTA LITERARIA

paisaje: volcán

1. ¿Qué asocias con "volcán"?

> La Tierra se pliega y su contenido ardiente se abre paso a través de los volcanes, bocas de fuego que asoman hacia el cielo un profundo abismo de imprevisible actividad. La cercanía de los volcanes da a la vida de los seres humanos una dimensión de transitoriedad, de latente amenaza, de riesgo; y al mismo tiempo, de desafío, deseos de vivir, de afirmación de la experiencia, de intensidad. Su misterio se desliza en leyendas de encendidos sentimientos.
>
> México es una tierra llena de volcanes, intensa, como intensa y ardiente es su historia. Sus volcanes les hablan a las entrañas de la tierra en español.

2. Lee este texto, se trata de una famosa leyenda de dos volcanes de México, el Popocatépetl (que en el idioma de los aztecas significa "cerro que humea") y el Ixtaccíhuatl (que significa "mujer dormida").

> *Las huestes del Imperio azteca regresaban de la guerra. Pero no sonaban ni los teponaxtles ni las caracolas, ni el huéhuetl hacía rebotar sus percusiones. Sobre el verdiazul espejeante de los cinco lagos se reflejaba un ejército en derrota.*
>
> *Hacía largo tiempo que un grande y bien armado contingente de guerreros aztecas había salido a conquistar las tierras del Sur, allá en donde moraban los Ulmecas, los Xicalanca, los Zapotecas y los Vixtotis. Dos ciclos lunares habían transcurrido y ahora regresaban los aztecas abatidos y llenos de vergüenza.*
>
> *Venía al frente de la triste hueste un guerrero que, a pesar de sus ropas desgarradas y del revuelto penacho de plumas multicolores, conservaba su gallardía y el orgullo de su estirpe.*

Sólo una mujer entre la gente no lloraba: Xochiquétzal, que quiere decir "hermosa flor", miraba atónita al bizarro guerrero y palideció al sentir su mirada. Supo que se marchitaba de improviso, porque aquel hombre era su amado y le había jurado amor eterno.

Se revolvió furiosa para mirar con odio al tlaxcalteca que la había hecho su esposa una semana antes diciéndole que el guerrero azteca, su dulce amado, había caído muerto en la guerra contra los zapotecas. Xochiquétzal lanzó mil insultos contra el falaz tlaxcalteca y echó a correr por la llanura, gimiendo su desventura de amor.

El guerrero azteca se volvió para mirarla. Y la vio correr seguida del marido y pudo comprobar que huía despavorida. Entonces apretó con furia el puño de la macana y separándose de las filas de guerreros humillados se lanzó en pos de los dos.

Pocos pasos separaban ya a Xochiquétzal del marido despreciable, cuando les dio alcance el guerrero azteca. El tlaxcalteca y el azteca comenzaron la lucha del amor y la mentira. Mucho tiempo duró aquel duelo. El tlaxcalteca defendiendo a su mujer y a su mentira. El azteca, el amor de la mujer amada, por la que tuvo arrestos para regresar vivo al Anáhuac.

Al fin, ya casi al atardecer, el azteca hirió de muerte al tlaxcalteca. El vencedor regresó buscando a su amada Xochiquétzal. Y la encontró tendida para siempre, muerta en mitad del valle, porque una mujer que amó como ella no podía vivir soportando la pena y la vergüenza de haber sido de otro hombre. El guerrero azteca se arrodilló a su lado y lloró.

Y cuenta la leyenda que se estremeció la tierra, el relámpago atronó el espacio y ocurrió un cataclismo. Al amanecer estaban allí, donde antes era valle, dos montañas nevadas, una que tenía la forma inconfundible de una mujer recostada sobre un túmulo de flores blancas, y otra alta y elevada como un guerrero azteca arrodillado junto a los pies nevados de la mujer.

Desde entonces, esos dos volcanes que hoy vigilan el hermoso valle del Anáhuac tuvieron por nombres Ixtaccíhuatl, que quiere decir "mujer dormida", y Popocatépetl, que se traduce por "montaña que humea", ya que a veces suele escapar humo del inmenso pebetero de su cráter.

T A R E A S

1. Quizá donde vives hay alguna leyenda que explique el origen de un lago, de un monte o de algún fenómeno de la naturaleza. Cuéntanosla y escríbela con tu compañero/a.

2. Escucha esta canción[1] que nos habla de México -la antigua Tenochtitlán-. ¿Qué elementos relacionas con el texto de la leyenda de Popocatépetl e Ixtaccíhuatl?

(1) Texto en págs. 147 y 148.

1. ¿Alguien de la clase tiene algo rojo? Si nadie lo tiene, hay que conseguirlo, porque vamos a representar el cuento de Caperucita Roja, que ya hemos visto otras veces en Planet@. ¿Lo recuerdas? ¿Cómo se llama este personaje en tu país?

2. Mira las viñetas y escribe el cuento.

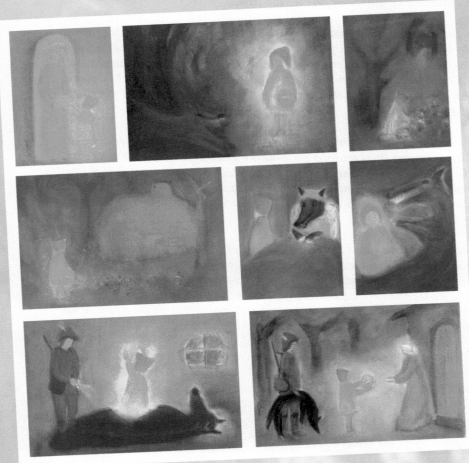

3. Ahora escucha esta versión del cuento de Caperucita.

4. Y, por último, vamos a representarlo. ¿Quién va a hacer cada papel: el del lobo, Caperucita, la madre, la abuelita, etc.? Tenemos que reunir cosas para hacer la representación: cómo va el lobo, qué es la cama de la abuelita, cómo es el bosque, qué llevan Caperucita y el cazador, cómo habla cada personaje, etc. Y ahora representamos la obra.

EN ESTA UNIDAD HAS APRENDIDO:

 VOCABULARIO:

- Para hablar de la experiencia: ....
- Para hablar de la historia: ....
- Para hablar de la economía: ....

 GRAMÁTICA: Recuerda la forma del pluscuamperfecto de indicativo:

(Yo)	
(Tú)	
(Usted, él/ella)	
(Nosotros/as)	
(Vosotros/as)	
(Ustedes, ellos/ellas)	

Recuerda los usos de los pasados:

- Cuándo utilizamos el indefinido.

- Cuándo utilizamos el imperfecto.

- Cuándo utilizamos el pluscuamperfecto.

Recuerda el estilo indirecto:

- Cómo transmitimos informaciones.

- Cómo transmitimos mensajes en los que se quiere influir en otra persona, pedirle algo.

 CÓMO SE DICE: Recuerda expresiones para:

- Relacionar acciones pasadas.

- Transmitir las palabras de otra persona: - haciéndolas nuestras.
        - sin hacerlas nuestras.

1. Escucha la cinta y toma notas de lo que ha hecho César.

Vino de...   Trabajó en...   ¿Para qué ha vuelto?
¿Quiere quedarse aquí o volver a...?   Otras...

 2. Escucha otra vez la cinta y reconstruye por escrito la conversación entre César y María.

....
....
....

 3. Aquí tienes el titular de una noticia publicada en la prensa en España.

"EL PEATÓN CHOCÓ CONTRA MI COCHE Y SE METIÓ DEBAJO."

Imagina la historia y escribe la noticia como si fueras el periodista. Imagina qué pasó realmente, qué contó el conductor y qué pasó con el peatón.

4. Observa la vida de Simón Bolívar, el gran libertador americano que soñó y luchó por una América libre. Cuenta su vida a tu compañero/a poniendo en relación sus datos biográficos.

1783- Nace en Caracas (Venezuela), en una familia de ricos criollos.
1802- Viaja a Madrid y allí se casa con María Teresa del Toro Alayza. Vuelve a Caracas.
1803- Muere María Teresa. Vuelve a España. Viaja por España, Francia e Italia.
1805- Durante su viaje a Italia jura libertar a su país del dominio español.
1807- Vuelve a Caracas. Conspira contra el Virreinato español.
1810- Los criollos destituyen al Gobernador y Capitán General Vicente Emparán. Crean una junta que, en el fondo, pretende propiciar la independencia. Se inicia la revolución.
1813- Entra en Caracas y es nombrado Libertador. Propugna la unión y liberación de Nueva Granada y Venezuela. Se inicia la guerra de liberación.
1819- Es nombrado presidente de Venezuela. Inicia la campaña de los Andes para liberar Nueva Granada. Forma la República de Colombia con los departamentos de Venezuela, Cundinamarca y Quito.
1821- Con la batalla de Carabobo se consigue la independencia total de Venezuela.
1823- Entra en Lima y libera todo el Perú. El Alto Perú toma el nombre de Bolivia.
1827- Vuelve a Colombia y se inicia la Guerra Civil que acabará con la separación de Venezuela y Colombia.
1829- Perú abole la constitución y Quito se proclama república independiente.
1830- Lleno de amargura, se retira a Santa Marta. Se entera de la muerte de Sucre, su lugarteniente, y muere.

Ejemplo: Se casó en 1802, cuando tenía 19 años, y al año siguiente murió su esposa.

Para ayudarte

A los X años...
X años después...
Al cabo de...
Cuando tenía...

5. Imagina que has recogido estos recados para tu amigo Guillermo. Ahora Guillermo está en casa, transmítelos.

Elena: Llámame a casa. 943 156 421.
María: Se me ha estropeado el coche. Déjame el tuyo.
Ana: Mañana es mi cumpleaños. Te espero para cenar a las 10.
Miguel: Ven a mi despacho a recoger los certificados que me pediste.
César: No puedo ir a la reunión del martes. Llámame si hay algún problema.
Celia: Necesito hablar contigo sobre las vacaciones. Tengo un viaje fantástico.

Ejemplo: Te ha llamado Elena. Que la llames a su casa. El teléfono es el 943 156 421.

6. Aquí tienes estas frases que han dicho otras personas. Transmítelas teniendo en cuenta si las crees o no.

1. Marisa: Te envío los documentos hoy mismo.
   - Crees que es muy responsable, lo hará.
     Ejemplo: Me ha dicho que me envía hoy los documentos.
   - Sabes que tiene mucho trabajo y tiene poco tiempo.
     Ejemplo: Ha dicho que me enviaba hoy los documentos.

2. Lorenzo: Llegaré a la oficina media hora antes de la reunión para poder hablar contigo.
   - La reunión es importantísima y estás seguro de que será puntual.
   - Con lo impuntual que es, dudas de que llegue a su hora.

3. Iñaqui: No puedo ir a tu casa porque tengo mucho trabajo.
   - Iñaqui es muy sincero.
   - Piensas que es una excusa, porque últimamente está muy raro contigo.

4. Alicia: Te acompaño a llevar el coche al mecánico.
   - Alicia es muy colaboradora.
   - Sabes que no le gusta nada ir en coche por la ciudad.

5. Alfredo: Te llamaré en cuanto llegue.
   - Estás convencido de que te va a llamar.
   - Sabes que tiene muy mala memoria.

En autonomía

 7. Explica estas historias.

1

Ejemplo: Cuando llegué a casa, mi compañera de piso ya había limpiado y lo había ordenado todo.

2

3

4

8. Relaciona.

a. Le llamé por teléfono para anular la cita
b. Llegué a su casa para felicitarla
c. Le informé de la noticia
d. Fui a su casa a tomar café
e. Pedí un crédito
f. Fui al hospital a verle

1. supe que había tenido un accidente.
2. habían bajado los tipos de interés.
3. ya había salido para la reunión.
4. Juan ya se la había comunicado.
5. todavía no habían terminado de comer.
6. todavía no había vuelto del trabajo.

Ahora escribe las frases utilizando un conector. Para ayudarte puedes utilizar:

Pero, cuando, en ese momento, en cuanto, porque, y, y por eso, como

Ejemplo: Pedí un crédito porque habían bajado los tipos de interés. / Habían bajado los tipos de interés y, por eso, pedí un crédito. / Como habían bajado los tipos de interés, pedí un crédito.

9. Cuando transmitimos una información, podemos utilizar muchos verbos, no sólo el verbo DECIR. Aquí tie-nes una lista, marca de color verde los que sirven para transmitir informaciones y de rojo los que sirven para transmitir deseos de influir:

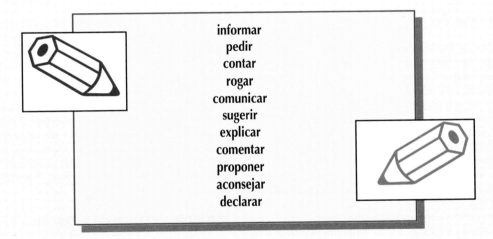

informar
pedir
contar
rogar
comunicar
sugerir
explicar
comentar
proponer
aconsejar
declarar

10. Marca de color verde las frases en las que se informa de algo y de rojo las que indican deseos de influir.

1. Dijo que estaba muy cansado y que no tenía ganas de salir.
2. Me dijo que viniera mañana para hablar con más tiempo.
3. Le dije que tomáramos un café después del trabajo.
4. Me dijo que ya había visto esa película.
5. Le dije que tuviera cuidado con lo que decía.
6. Le dije que estaba muy enfadado y que por eso me había ido.
7. Nos dijo que ya había hecho la compra y que no hacía falta que bajáramos al supermercado.
8. Me dijo que, por favor, le perdonara.

Ahora sustituye en estas frases el verbo DECIR por uno de la lista anterior, el que creas más conveniente.

transcripciones

DOSSIER PUENTE

2. (Pág.7)

Los textos de los cinco Paisajes están en su tema correspondiente: 1. Isla (pág. 34); 2. Meseta (pág. 60); 3. Pampa (pág. 84); 4. Cordillera (pág. 110); 5. Volcán (pág. 136).

TEMA 1

Órbita 1

2. (Pág. 18)

Cuando estamos disgustados, decepcionados, frustrados o enfadados nos resulta difícil comunicarnos de manera afectuosa. Cuando surgen emociones negativas tendemos a perder momentáneamente nuestros sentimientos afectivos de confianza, cariño, comprensión, aceptación y respeto.
Hay momentos en los que hablar no sirve, pero afortunadamente existe otra alternativa. En lugar de manifestar oralmente tus sentimientos a la otra persona, puedes escribirle una carta. Escribir cartas te permitirá oír tus propios sentimientos sin temor a herir a la otra persona. Para ello existe la técnica de LA CARTA DE AMOR.

7. y 8. (Pág. 22)

Juan: Mira, Mario, estoy muy enfadado contigo: me indigna tu impuntualidad, me indigna que siempre llegues tarde y que en esta ocasión te hayas retrasado más de una hora.
Mario: Lo siento, chico, perdona, pero es que...
Juan: Eres la persona más impuntual de toda la oficina, y siempre llegas más tarde que los demás.
Mario: Sí, es verdad, pero es que no lo puedo evitar. Siempre tengo mil cosas que hacer.
Juan: Me fastidia no poder hablar nunca contigo y que nunca tengas tiempo. Eres el más ocupado de todos mis colaboradores.
Mario: Hombre, no es para tanto, ¿no?
Juan: Me da miedo que esta situación continúe y no podamos seguir trabajando juntos. Me deprime estar así contigo...
Mario: Discúlpame, por favor. Te prometo que voy a intentar cambiar... pero, perdona, tengo que irme ahora mismo a una reunión importantísima en la otra punta de la ciudad.

Órbita 2

5. (Pág. 27)

Director: Este departamento de Administración no funciona bien. Solamente hay dos personas para muchísimo volumen de trabajo y la contabilidad siempre va retrasada. Aquí nadie tiene un conocimiento profundo de la legislación laboral ni de los diferentes tipos de contratos. Y nos gastamos muchísimo dinero en asesores externos.

Jefa de Personal: Sí, sí, y además no se explotan los recursos informáticos que hoy en día existen para hacer las nóminas, los balances, etc. Tenemos un programa de contabilidad analítica y nadie sabe usarlo o no tiene tiempo de hacerlo.
Director: Hay que contratar a alguien inmediatamente.
Jefa de Personal: ¿Y qué sueldo le vamos a dar?
Director: Pues depende del perfil de la persona, pero, en principio, lo mismo que la actual jefa de administración.
Jefa de Personal: ¿Y qué tipo de contrato le ofrecemos?
Director: Pues, para empezar, un contrato temporal de seis meses y, si funciona bien, le hacemos a continuación uno indefinido.

6. (Pág. 28)

Aquí es donde trabajo. Soy la responsable de la administración de una escuela de idiomas. Este es mi ordenador, que tiene 32 RAM de memoria, y que de momento funciona bastante bien. Su sistema operativo es *Windows 95* y los programas que tiene instalados son *Word 95*, *Excel 95* y *OutLook*. También tengo instalado un módem que tiene una velocidad de 56.600 BPS y una impresora en blanco y negro que imprime cinco páginas por minuto.

Dispongo de conexión a Internet y a los bancos con los que trabajamos. Trabajo con un teléfono que tiene dos líneas, una interna y otra externa. El módem va conectado a la línea externa, así que a veces es difícil comunicar conmigo, porque está ocupada. Por supuesto, tengo los archivadores necesarios para guardar facturas, presupuestos, albaranes, nóminas, contratos, documentos oficiales, bajas y altas de la Seguridad Social y un largo etcétera.
Aunque me manejo bien con mi equipo, sin embargo he pedido a la empresa que mejore mi dotación informática y de comunicaciones... Vamos a ver qué responden.

Recuerda. Con el corazón. (Pág. 36)

2. Las melodías que se escuchan son:
1. Adagio (Albinoni).
2. La flauta mágica (Mozart).
3. Ritmo de salsa.
4. Concierto de Aranjuez (Rodrigo).
5. Quena andina.
6. Cante jondo.

En autonomía

3. (Pág. 38)

1. ¡Qué alegría que estés aquí!
2. ¡No soporto que la gente me grite!
3. ¡Qué bien que hayas aprobado el examen!
4. ¡Qué raro que Roberto aún no haya llegado!
5. Me fastidia quedarme sin dinero.
6. ¡Qué bien que vengáis conmigo de viaje!

TEMA 2

Órbita 2

2. y 3. (Pág. 50)

Sra. Jiménez: ¿Tenemos ya información sobre los beneficios de este año?
Sr. Gazapo: Pues no estoy muy seguro, creo que serán unos 200 millones.
Sra. Jiménez: Todavía no has recibido ningún balance, ¿no?
Sr. Gazapo: No, en el Departamento de Contabilidad se están retrasando, no sé por qué. Tendrán mucho trabajo y no habrán podido poner la contabilidad al día.
Sra. Jiménez: Oye, pero 200 millones no es mucho, ¿no?
Sr. Gazapo: Es que creo que se han parado las ventas en Brasil.
Sra. Jiménez: ¿Por qué?
Sr. Gazapo: Pues no lo sé, probablemente hayan bajado como consecuencia de la inflación. Además, quizá hay problemas con la distribución: recuerda que hay huelga de transporte aéreo. Lo que me preocupa más es que tenemos problemas con la tesorería: hay bastantes clientes que aún no han abonado las facturas pendientes.
Sra. Jiménez: ¡Vaya!

Órbita 3

7. (Pág. 59)

Esa chica que espera ahí enfrente,
en el semáforo,
¿quién será?,
¿a dónde irá?, ¿de dónde vendrá, con el bolso en bandolera?
Lleva un abrigo azul.
Guardará en ese bolso revuelto
pañuelos de papel,
su carnet de identidad
y el número de un anuncio
anotado en su agenda.
Parece frágil, cordial,
pero no sé nada de ella.

Pasa un furgón de policía,
suena una sirena de ambulancia y
pasa un furgón de policía,
suena una sirena, una sirena.

Pudo ser la mujer de mi vida,
si un día la hubiera
conocido en una fiesta,
en cierta ocasión,
pero no sé nada de ella.

Hay un rumor de motores.
El semáforo en rojo
y la chica también me mira
(¿qué estará imaginando,

qué pensará de mí?)
con aire ausente.
Tal vez falte un amor en su vida…

Pasa un furgón de policía…

Ya se ha puesto el semáforo verde.
La chica avanza hacia mí,
yo hacia ella.
Los dos, al cruzar, sonreímos un instante
y no la sé retener.

Y al llegar cada cual a su acera
ya para siempre
nos habremos olvidado.
Breve ilusión
en la noche que se enciende.
Llevaba un abrigo azul.
Nunca más volveré a verla.

Pasa un furgón de policía,
suena una sirena de ambulancia y
pasa un furgón de policía,
suena una sirena, una sirena,
(una sirena, una sirena) de ambulancia y...
llevaba un vestido azul…

En autonomía

1. (Pág. 64)

a. - Esa película es muy aburrida.
  -¡No estoy de acuerdo!
  - Bueno, bueno, ¡cómo te pones!

b. - Los españoles son impuntuales.
  - ¡Eso es mentira!
  - Vale, vale.

c. - ¿Vamos a comer a ese restaurante?
  - A mí no me gusta nada.
  - Bueno, pues nada. Donde tú digas.

TEMA 3

Órbita 1

2. (Pág. 70)

- ¿Qué te pasa?
- No sé, estoy muy raro. No puedo dormir, estoy cansado... no me puedo concentrar.
- Pero... ¿estás preocupado por algo?
- Pues no, las cosas me van muy bien. Yo creo que es algo físico. He ido al médico y me ha dicho que estoy bien, que no tengo nada.
- Yo que tú, iría a un médico naturista. A mí me va muy bien.
- No, mira, yo no creo en esas cosas.
- Yo tampoco. Es mejor tomarse unas vitaminas... Bueno, en realidad, yo me iría de vacaciones.
- ¿Tú crees?
- Sí, sí, yo te aconsejo que te vayas dos semanas a la playa. Ya verás como vuelves nuevo.
- Tú que viajas mucho, ¿qué lugar me recomiendas?

Práctica global 1

1. (Pág. 73)

España es un país con zonas muy diferentes: el norte es muy verde, lluvioso. Galicia es muy conocida por la ciudad de Santiago, ciudad estudiantil que además tiene la famosa Catedral, destino final de los peregrinos que hacen el Camino de Santiago. Pero Galicia no sólo es Santiago, hay gran cantidad de pueblos pequeños, de aldeas, donde se está desarrollando el turismo rural. Mucha gente de las grandes ciudades viaja allí para encontrar naturaleza, paz, una vida más sencilla y natural que la de la ciudad.

Otra zona del norte muy conocida es el País Vasco. San Sebastián, que tiene la playa de La Concha, es una ciudad clásica de veraneo de familias acomodadas. Además, en ella se celebra todos los años el Festival de Cine de San Sebastián, en el que participan cineastas famosos de todo el mundo. El Museo Guggenheim, en la ciudad de Bilbao, atrae a gran cantidad de visitantes.

Cataluña es otro lugar de destino típico para muchos turistas: el clima es más suave que en Galicia y el País Vasco y se puede disfrutar de sus numerosas playas y pequeños pueblos costeros, sobre todo en la Costa Brava. Barcelona, la capital de Cataluña, es una ciudad que tiene muchos puntos de interés: el Barrio Gótico, las Ramblas, la arquitectura modernista de Gaudí, el Museo Picasso...

Para los amantes de la historia, Castilla ofrece muchos restos de su pasado histórico: Segovia, con su impresionante Acueducto romano y su Alcázar medieval; Ávila, con sus murallas y conventos; Toledo, ciudad-museo donde quedan restos de las tres culturas que convivieron en la España medieval (árabes, judíos y cristianos). El paisaje del centro de España es seco y llano, pero con importantes montañas. En estas zonas se está desarrollando un turismo más aventurero: parapente, *rafting*, etc.

Pero, sin duda alguna, Andalucía es la zona más conocida, por sus playas y su buen clima, pero también por los elementos de la cultura árabe que todavía perviven en Córdoba, Granada, Sevilla y otras ciudades y pueblos. En Andalucía está, además, el Parque de Doñana, uno de los Parques Naturales más grandes de Europa.

En todas estas zonas se puede disfrutar de una gastronomía muy variada: en Galicia se pueden comer magníficos pescados y mariscos, en el País Vasco se cocina de una forma más elaborada, en Cataluña se puede comer muy buena verdura y arroces, en Castilla lo más típico es el cordero asado, y en Andalucía es costumbre tomar muchas tapas: "pescaíto" frito, jamón, etc.

Órbita 2

2. (Pág. 75)

-Como usted sabe, desde un punto de vista económico, lo más interesante para la empresa es fomentar los contratos temporales, ya que los indefinidos son más costosos.
-Sí, pero con un contrato indefinido, los trabajadores están más motivados. No hay que fijarse sólo en los motivos económicos, creo más en una empresa en la que los trabajadores se sienten integrados, en la que todos trabajan como colaboradores y no hay una separación tan grande entre empresa y trabajadores.
-Ya, pero imagínese: si la empresa fuera mal, tendría que afrontar unos costes enormes. Y en España las indemnizaciones son altas. Yo intentaría buscar modalidades de contratación más baratas y menos arriesgadas.
-No sé, pero quizá se puede encontrar un punto intermedio; si la mitad de los empleados tuviera contrato indefinido, la empresa tendría un grupo de gente motivada, psicológicamente comprometida con ella.
-Bueno, como usted quiera. Pero entonces, si yo fuera usted, intentaría contratar a algunos. Y si yo estuviera en su lugar, haría los contratos fijos a las personas mayores, porque la legislación ofrece descuentos de gastos de la Seguridad Social para estas. También puede contratar a personas jóvenes, sin experiencia, ya sabe que hay descuento por primer empleo.
-Podemos verlo. No sé qué edad tienen estas personas.
-Y si algunos quisieran, les ofrecería un contrato por obra determinada, que tiene una duración limitada.

En autonomía

1. (Pág. 88)

- Oye, Belén, ¿tú crees que yo debería comprarme un coche?
- Pero si ya tienes uno.
- Sí, pero está viejísimo.
- Ya... Mira, yo, en tu lugar, no me compraría uno nuevo. Total, no viajas casi nada.
- Bueno, pero a veces sí.
- Sí, pero no tanto. Es mejor que se lo pidas prestado a alguien.
- Sí, pero es que siempre se lo pido a la misma persona y está harta de mí.
- Mira, con lo mal de dinero que vas, te recomiendo que no te compres nada, que ahorres todo lo que puedas. Yo que tú, pensaría en el futuro, en los gastos que vas a tener dentro de poco y me dejaría de coches.

TEMA 4

Órbita 1

2. (Pág. 94)

* Entrevistador: ¿Piensa usted mucho en el futuro?
1. ¡Hombre! Pues sí: me preocupa qué pasará con mi familia, si mis hijos encontrarán trabajo o no, si serán felices…
2. Pues para mí el futuro es lo que voy a hacer mañana, qué ropa me voy a poner, cómo voy a organizar el día y esas cosas.
3. ¡Uy, no! ¿El futuro? ¡Con la de cosas que hay que hacer en el presente!
4. Pues sí, me preocupa mucho, la verdad. Ya tengo preparada mi jubilación y mi pareja y yo ya hemos decidido cómo queremos vivir.
5. El futuro es el mañana y no creo que mañana sea muy diferente a hoy.
6. ¿Para qué? Yo vivo al día y punto.

TEMA 5

Órbita 2

9. (Pág. 129)

Hola, este es el contestador automático del Grupo Óscar Maluquer. Nuestro horario de oficina es de 9 a 19. Si lo desea, deje su mensaje después de la señal. Gracias.

1. (Tuut) Hola, mira, soy Raquel Hernández. Oye, que la reunión de mañana no es a las siete, sino a las cinco. Nos vemos allí. Hasta luego.
2. (Tuut) Buenas tardes. Quería hablar con Óscar Maluquer. Soy Elena Rivera, de Promociones Informáticas y… necesito que se ponga en contacto lo antes posible. Mi teléfono es el 91 425 65 98.
3. (Tuut) ¿Óscar? Oye, mira, que soy Pedro Palacios, de la Consultora. Envíame cuanto antes los impresos del Impuesto de Sociedades. No te olvides de firmarlos. Gracias.
4. (Tuut) Este es un mensaje para el Director de Administración. Todavía no hemos recibido la factura del mes de febrero. Mañana a primera hora nos pondremos en contacto con usted. Gracias.
5. (Tuut) Oye, soy Amanda. Que todavía estoy esperando el informe de Grindo. Pásate mañana por mi oficina y dámelo, por favor. Hasta luego.

Práctica global 2

1. (Pág. 131)

1.
- ExitoSA, buenos días.
- Buenos días, quería hablar con el Sr. Barquero.
- En este momento no está, ha salido. ¿Quiere dejar algún recado?
- Sí, mire: dígale que llame a la Sra. Aragón para discutir su propuesta.
- ¿Tiene él su teléfono?
- Creo que sí, pero, por si acaso, se lo dejo. Es el 93 424 52 85.
- Yo se lo paso, gracias.

2.
- ExitoSA, buenos días.

- Hola, buenos días. ¿La Sra. Coto, por favor?
- Pues está reunida.
- ¡Vaya! ¿Puedo dejarle un recado?
- Sí, claro, dígame.
- Mire, que tenemos que vernos urgentemente. La llamo esta tarde.
- Pero, ¿de parte de quién?
- ¡Uy, perdón! Soy Ramón Pereda.
- Muy bien, yo le doy el recado.
- Gracias.

3.
- ExitoSA, buenos días.
- Hola, Susana, soy Marcelo.
- Hola, Marcelo, ¿qué tal?
- Bien. Oye, ¿está por ahí Mercedes?
- Pues no, hoy viene más tarde.
- ¡Ah!, bueno, pues cuando la veas dile que me tenga preparada la planificación de esta semana, que tengo que organizar muchas cosas.
- Vale, Marcelo, hasta luego.

4.
- ExitoSA, ¿dígame?
- Buenos días. Quería hablar con la Dirección Comercial, o el Departamento de Promoción. No sé muy bien. Quería hacer un pedido.
- Eso lo tiene que hablar con el Sr. Alonso, de Ventas. Lo que pasa es que en estos momentos está reunido.
- Bueno, pues dígale, por favor, que soy Adolfo Gamero, de la empresa Acústicas, S.L. y necesito un presupuesto lo antes posible. Le voy a dar mi número de teléfono y de mi correo electrónico para que se ponga en contacto conmigo.
- A ver, dígame…

5.
- ExitoSA, ¿dígame?
- Hola, buenos días. Soy Irene Rosado, de Técnicas de Comunicación. Quería hablar con Fernanda Coto, por favor.
- Pues es que la Sra. Coto está reunida.
- ¡Ajá! ¿Puedo dejar un recado?
- Sí, sí, claro.
- Mire, es que yo tenía una cita con ella dentro de una hora, pero no voy a poder ir porque me ha surgido un compromiso. ¿Puede decirle que me llame para quedar otro día?
- Sí, en cuanto salga de la reunión, yo le paso el recado.
- De acuerdo, muchas gracias. Adiós.

Órbita 3

Paisaje: volcán.

Tareas

2. (Pág.137)

México, México, México.

Los aztecas te formaron,
luego fuiste colonial,
de España te conquistaron,
pero nunca te quitaron
tu cielo primaveral.

Dos volcanes de nieve
te están vigilando,
y tu emblema es el águila
en un nopal.
En el nopal se paró,
y luego de ahí voló
al pabellón nacional.

Raza de bronce y de roble,
que sabes pelear y morir,
siendo indómita y muy noble,
pues también sabes sufrir.

México, mi Tenochtitlán.

Recuerda. Con el corazón.

3. (Pág. 138)

Érase una vez una niña que vivía en una casita en el bosque con sus padres. La niña tenía una abuela que vivía en el otro extremo del bosque y que le había regalado una caperuza roja que siempre llevaba puesta; por eso todos la llamaban Caperucita Roja.

Un día su madre le dijo que debía ir a visitar a la abuelita, que estaba enferma, y que tenía que llevarle en una cesta una botella de leche y una tarta de manzana. Pero le advirtió que tuviera cuidado con el Lobo, que andaba por el bosque y que se comía a la gente. Su madre también le dijo que no se entretuviera en el bosque y que no se parara a hablar con nadie.

Así pues, Caperucita echó a andar con su cestita. Cuando llevaba caminando un buen rato, apareció el Lobo Feroz, y la saludó. El Lobo le preguntó que adónde iba, y Caperucita le respondió que iba a casa de su abuelita.

Entonces el Lobo Feroz pensó que con suerte podría comerse a las dos. Así que se despidió de Caperucita y se puso en marcha hacia la casa de la abuela. Mientras tanto Caperucita se entretuvo cogiendo flores, y mientras cogía flores, se quedó observando las mariposas y las nubes, subió a un árbol y contempló las hormigas.

De pronto recordó que debía llegar a la casa de la abuelita antes de que anocheciera y se puso en camino.

Pero mientras tanto, el Lobo Feroz ya había llegado a la casa. Llamó a la puerta y cuando la abuelita preguntó quién era, imitó la voz de Caperucita. Así que la abuelita abrió la puerta y el Lobo Feroz abrió su enorme boca y se la comió.

Después se puso la cofia y el camisón de la abuela, y se metió en su cama para esperar a Caperucita.

Cuando Caperucita llegó encontró la puerta abierta y al entrar en la casa notó una sensación extraña. Se acercó a la cama de la abuelita y vio que tenía también un aspecto extraño e inquietante.

Caperucita le dijo a la abuelita que qué orejas tan grandes tenía, y el Lobo contestó que eran para oírla mejor.

Caperucita le dijo que qué ojos tan grandes tenía, y el Lobo le contestó que eran para verla mejor.

Caperucita le dijo que qué nariz tan grande tenía, y el Lobo contestó que era para olerla mejor.

Caperucita le dijo que qué boca tan grande tenía, y entonces el Lobo contestó con un gran grito que era para comerla mejor.

Y se comió también a Caperucita. Después, como se sentía muy lleno, se tumbó en la cama y se puso a dormir lanzando unos grandes ronquidos.

Casualmente, en aquel momento pasaba por allí un cazador que conocía a la abuela, y al oír los ronquidos pensó que eran muy extraños. Así que entró en la casa y vió al Lobo con esa gran tripa. Enseguida pensó que se había comido a la abuela, así que tomó unas grandes tijeras y abrió la tripa. De allí salió primero la abuela y luego Caperucita dando saltos de alegría.

El cazador se llevó al Lobo muy lejos de allí y Caperucita y su abuelita se abrazaron, se comieron la tarta de manzana y fueron muy felices.

En autonomía

1. (Pág. 140)

- ¿Sabes?, ayer vi a César por la calle.
- ¡Ah, sí! Y, ¿qué tal está?
- Muy bien. Ha venido hace poco de Chile. ¿Sabes que estuvo trabajando allí con Telefónica y que se casó con una chilena que había conocido aquí?; bueno, por eso se fue para allá.
- Sí, sí, ya lo sabía.
- Bueno, pues me contó que le había ido muy bien, que le había encantado el país y que no quería volver, pero que el director de su departamento le había pedido que volviera a la central y que trabajara en su equipo.
- Y, ¿ha vuelto?
- Pues realmente no. Está aquí porque está intentando quedarse en Chile y viene para hablar con el director general.
- ¿Y sabes cuánto tiempo se va a quedar?
- Pues creo que un par de semanas.
- Uy, pues a ver si le llamo y nos vemos.

Versión Mercosur

1 Versión Mercosur

1. Observa la carta de la página 19 y compárala con la que hubiera escrito María si viviese en el Río de la Plata.

> *Querido Ignacio:*
> *Ira: Me revienta que te hayas olvidado. Me embola que te acostés a dormir la siesta y te olvidés de todo. Estoy cansada de tener que ser yo la responsable de todo.*
> *Tristeza: Me pone mal que Nuria haya perdido la hora del dentista. Me pone triste que tengás que trabajar tanto y por eso estés tan cansado. Me deprime que no me dediqués más tiempo.*
> *Temor: Me da miedo confiar en vos. Me parece que todo te da lo mismo. Necesito que me ayudes. Creo que trabajás demasiado y tengo miedo de que te enfermes.*
> *Pesar: Lamento que llegues tarde a las citas y también lamento ser tan exigente. Me da vergüenza no ser más afectuosa.*
> *Amor: Te quiero. Comprendo que estés cansado. Sé que hacés todo lo posible. Gracias por pedirle otro turno al dentista. Sé que me querés. Con amor.*
> *P.D.: Contestáme porque necesito saber si te vas a hacer cargo de llevarla a Nuria al dentista.*

2. Completa este cuadro con las diferencias que hayas encontrado.

España	Buenos Aires
1. Me pone furiosa...	
2. Me indigna...	
3. Echarse la siesta.	
4. Me entristece...	
5. No ir a la cita.	
6. Me temo que te da igual todo.	
7. Temo que te pongas enfermo.	
8. Me avergüenza...	
9. Sé que haces cuanto puedes.	
10. Fijar otra cita.	
11. ...vas a responsabilizarte...	

Observación: La expresión "me embola" es de uso extremamente coloquial, reservado para situaciones de mucha confianza entre los hablantes.

* El voseo en el subjuntivo presente

1. En *Planet@* 1 y 2 hemos trabajado la forma del pronombre "vos" con el presente del indicativo y el imperativo. Ahora vamos a hacer lo mismo con el subjuntivo. En la carta de María puedes observar cómo lo usan los hablantes del Río de la Plata. Hay dos formas de uso:

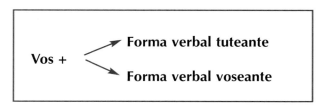

Ejemplo:

Me deprime que (vos) → no me dediqués más tiempo.
→ no me dediques más tiempo.

Lamento que (vos) → llegués tarde.
→ llegues tarde.

Me revienta que (vos) → te acostés a dormir la siesta.
→ te acuestes a dormir la siesta.

2. Observa los ejemplos anteriores y responde.

¿En qué se diferencian las formas tuteantes y voseantes?
....
....
....
....

3. Expresa por escrito tus emociones utilizando las siguientes estructuras con "vos + forma verbal voseante".

me molesta, me pone de mal humor, odio, me alegra,
me encanta, me parece bárbaro, no soporto.

4. Ahora circula por la clase y compara tus emociones con las de tus compañeros/as.

* ¿LO, EL o LA?

1. Completa las siguientes oraciones con el artículo "lo" o "el".

a. ..... hermoso de José es su sonrisa.

b. ..... muchachito de enfrente me tiene loca de amor.

c. No te imaginas ..... perdida que está Ana.

d. No saben ..... delgado que volvió Pedro de su viaje.

e. ¡Qué pena que la fiesta terminó, con ..... divertida que estaba!

f. ..... concierto resultó muy aburrido.

g. No se imaginan ..... lejos que vive Ana Clara.

h. Si vieran ..... bien que habla el hijo de Begoña.

2. Utiliza los ejemplos del ejercicio anterior para completar este cuadro.

.... + sustantivo masculino
.... + sustantivo femenino
.... + adjetivo o adverbio

3. Has tenido un incidente con tu novio/a y se lo comentas a un/-a amigo/a. Escribe ese diálogo utilizando por lo menos tres "la", tres "lo" y tres "el".

Ejemplo:
A: No sabes lo mal que me dejó la pelea con Andrés.
B: ¿Cuál fue el problema?

Tristeza, desesperado/a, ansioso/a,
felicidad, amor,
consuelo, bien, furioso/a,
exigente, peor, mal,
problema, celoso/a, enojado/a

Si lo deseas, puedes añadir más palabras a esta lista.

* EN LO DE, A LO DE, POR LO DE

1. Observa el uso de estas estructuras y di lo que significan.

a. Fui <u>a lo de</u> Juan y cuando llegué se estaba peleando con su mujer.
b. El fin de semana estuvimos <u>en lo de</u> Cristina haciéndole compañía.
c. Ana fue <u>a lo del</u> abogado para terminar el trámite de su divorcio.
d. <u>En lo de</u> Roberta siempre la pasamos muy bien.

2. Substituye utilizando "a lo de", "en lo de" o "por lo de".

a. La semana pasada estuve <u>en el consultorio del</u> médico por un chequeo.

b. Tenemos que ir <u>a la casa de</u> Pedro para ayudarlo con la mudanza.

c. ¿Quieres ir <u>a la casa de</u> Pilar a cenar esta noche?

d. Anoche pasé <u>por la casa de</u> Juan, pero no lo encontré.

2 Versión Mercosur

1. Observa el diálogo de la página 45 y compáralo con esta versión del español del Río de la Plata.

> *Ana: ¿Conocen este libro? Es el I Ching, un libro que se puede utilizar para interpretar en qué momento estás, qué va a pasar... Es interesantísimo.*
>
> *Sara: Yo, para decirte la verdad, estoy cada vez más sorprendida de la cantidad de gente que va para que le tiren las cartas, para que le adivinen el futuro, para... yo qué sé, cosas un poco esotéricas ¿no?*
>
> *Luis: Sí, es verdad. En la televisión hay varios programas en los que aparecen videntes.*
>
> *Sara: Yo creo que lo que pasa es que estamos en una época en la que se perdió la confianza en la ciencia.*
>
> *Ana: Mirá, yo no lo veo así. Yo tengo la impresión de que cada vez conocemos más cosas de otras culturas, qué sé yo, por ejemplo, de la cultura china, de la cultura india... Y eso me parece muy bien.*
>
> *Sara: Sí, sí, es cierto, pero lo que te quiero decir es que hasta hace algunos años sólo creíamos en la ciencia, en la razón, en lo empírico, y ahora se aceptan maneras de pensar que antes nos parecían supersticiones: la astrología, el tarot, el destino, las fuerzas de la naturaleza...*
>
> *Ana: ¿Y vos qué pensás, Pedro?*
>
> *Pedro: No estoy para nada de acuerdo con lo que están diciendo. A mi ver, lo que pasa es que, como la ciencia no lo puede explicar todo, la gente se aferra a cualquier cosa. Yo no creo en brujas.*
>
> *Ana: Estoy totalmente de acuerdo con vos en eso de que la ciencia no lo puede explicar todo, pero no en que la gente crea en brujas. Por ejemplo, hay cosas en las filosofías orientales que son totalmente...*

2. Completa este cuadro con las diferencias que hayas encontrado.

España	Buenos Aires
1. ¿Conocéis este libro?	
2. ... a que le echen las cartas,...	
3. a ... no sé,...	
4. ... en los que salen videntes.	
5. ... se ha perdido la confianza...	
6. Hombre,...	
7. Pedro, ¿tú qué opinas?	
8. No estoy de acuerdo en absoluto...	
9. A mi entender...	
10. ... en lo de que la ciencia no lo puede...	

* CREO QUE / NO CREO QUE – ME PARECE QUE / NO ME PARECE QUE

1. Oralmente y con un/-a compañero/a opina sobre los temas que te proponemos a continuación. Sigue el ejemplo.

Ej.:   *Los adolescentes cada vez piensan menos, lo quieren todo servido.*

A: No estoy para nada de acuerdo, yo no creo que piensen menos, me parece que piensan en cosas diferentes que los adultos.
B: En parte estoy de acuerdo contigo, pero creo también que se toman menos trabajo para reflexionar.

- La globalización lo único que consigue es aplastar a los países menos poderosos.
- La televisión lo único que hace es mostrar violencia.
- La gente recurre a los videntes porque ya no cree en nada, ni en la religión ni en los políticos.
- Lo que acaba con las relaciones es la convivencia.
- Nunca puede resultar una relación con alguien que sea muy diferente de ti.
- Lo más importante para aprender una lengua es escribir, porque fija visualmente las estructuras.
- Antes se vivía mucho mejor que ahora.
- Cuando la pareja no funciona, lo mejor es separarse.

2. Elige tres de los temas anteriores y redacta tu opinión. No olvides fundamentar tus opiniones.

....
....
....
....
....
....
....
....
....
....
....
....
....
....
....
....

tema
3 Versión Mercosur

1. Transforma las partes destacadas en negrita de este diálogo de la página 70 en las formas voseantes del Río de la Plata.

- ¿Qué te pasa?

* No sé, estoy muy raro. No puedo dormir, estoy cansado... no me puedo concentrar.

- Pero... ¿estás preocupado por algo?

* Pues no, las cosas me van muy bien. Yo creo que es algo físico. He ido al médico y me ha dicho que estoy bien, que no tengo nada.

- Yo que **tú,** iría a un médico naturista. A mí me va muy bien.

* No, **mira,** yo no creo en esas cosas.

- Yo tampoco. Es mejor tomarse unas vitaminas... Bueno, en realidad, yo me iría de vacaciones.

* **¿Tú crees?**

- Sí, sí, yo te aconsejo que te **vayas** dos semanas a la playa. Ya verás como **vuelves** nuevo.

* **Tú que viajas** mucho, ¿qué lugar me **recomiendas**?

* Para dar consejos

1. Observa las siguientes frases y completa el cuadro.

a. Es mejor **que llegues** temprano para conseguir localidades.
b. Es mejor **cruzar** por las líneas peatonales.
c. No es bueno **que conduzcan** después de haber bebido mucho.
d. No es bueno **que** el ser humano **esté** solo.
e. Dice el dicho popular que no es bueno **bañarse** después de comer.
f. Es preferible **que comas** menos, pero con más frecuencia.
g. Es preferible **gastar** más, pero **comprar** algo de mejor calidad.

		+ infinitivo	Consejo de carácter general
SER	....		
		+ que + ...	....

2. Observa ahora estas otras frases y completa también el cuadro.

h. Le recomiendo comprar una computadora más moderna.
i. Le recomiendo que compre una computadora más moderna.
j. Te sugiero que hagas meditación: es bueno para el estrés.
k. Te sugiero hacer meditación: es bueno para el estrés.
l. Me aconsejó consultar a un abogado.
m. Me aconsejó que consultara a un abogado.

Me Te .... Nos	....	+ que + subjuntivo o + ...	El consejo siempre es ....

3. Desafío para ingeniosos/as:

A diferencia de lo que ocurre en el grupo 1 (oraciones a-g), en el grupo 2 (oraciones h-m) el uso de infinitivo o subjuntivo no altera el sentido. Aventura una explicación.

....
....
....

4. Elabora consejos para mantener una buena relación con la pareja. Algunos de estos consejos serán personalizados y otros serán generales. Coloca al lado de cada frase de qué tipo de consejo se trata.

Ejemplo:
Es mejor estar siempre de buen humor. (general)
Te aconsejo que estés bien dispuesto/a todos los días. (individualizado)

Es mejor ....
Es bueno que ....
Es preferible que ....
Te sugiero ....
Te recomiendo ....
No es bueno que ....
Te sugiero no ....

5. Piensa en tu escuela como institución, en tu clase, tus compañeros/as, el/la profesor/-a y redacta diez consejos para optimizar el aprendizaje del español.

Ejemplo:
Profesor, le sugiero usar más lecturas extras en clase.
Antonio, te recomiendo que superes tu timidez y hables más en clase.

6. Traduce las siguientes oraciones al español.

1. É bom tu estares cedo em casa.

....

2. É melhor sairmos logo, que já é tarde.

....

3. Seria ótimo vocês irem assistir esse filme.

....

7. Observa las oraciones en español y en portugués del ejercicio anterior. ¿Qué dos conclusiones sacas?

....

....

* Oraciones condicionales

1. Observa las siguientes frases y responde estas preguntas.

> a. Si necesitas ayuda, pídemela.
> b. Si usted quiere, podemos encontrarnos mañana a las 5.
> c. Te pagaré un pasaje a Europa, si te gradúas este año.

1. ¿En qué tiempo y modo está el verbo que acompaña a la conjunción **si**?

....

2. Traduce las oraciones a, b y c al portugués.

....

....

....

3. ¿Cuál es la diferencia entre estas y las que están en español?

....

2. Completa las siguientes oraciones.

a. Si (*tener*) .... apuro, trataré de terminarte el vestido hasta mañana.
b. Si (*poder*) .... paso por tu casa a las ocho.
c. Si la película no (*ser*) .... buena, me levanto y me voy.
d. No precisas quedarte si no (*querer*) ....
e. Si no (*tomar*) .... los remedios a horario, no te pondrás mejor.
f. Chicos, si no (*apurarse*) .... pierden el tren.
g. Si Marcela (*volver*) .... a llamar, dile que salí.
h. Te prestaré el diccionario, si me (*dejar*) .... copiar lo que dio el profesor ayer.
i. Lo dejaré volver si me (*pedir*) .... perdón de rodillas.
j. Si no (*llegar-nosotros*) .... temprano, no conseguiremos entradas para la función.
k. Si te (*doler*) .... la cabeza, toma una aspirina.

3. A partir de la actividad 2 completa el siguiente cuadro.

> Si + presente del indicativo +   →   ....
> ....
> ....

4. Un amigo que vive en el campo ha venido a pasar unos días en tu casa, pero tú tienes que ir a trabajar y vas a dejarlo solo todo el día. Explícale qué es lo que debe hacer en las siguientes situaciones.

- si (tener) hambre
- si (querer) bañarse
- si (tocar) el teléfono
- si (precisar) salir
- si (querer) dormir
- si (llegar) la mucama

Ejemplo: Si tienes hambre, en la heladera encontrarás comida.

* Oraciones con CUANDO

1. Lee detenidamente estas frases.

a. Cuando fui a Bolivia, tuve problemas de apunamiento.
b. Cuando voy a lo de Claudia, siempre me invita a comer.
c. Escríbeme cuando tengas tiempo.
d. Te llamaré cuando vuelva de Nicaragua.
e. Cuando viajo al campo, siempre llevo un botiquín.
f. Cuando vaya a Buenos Aires, aprovecharé para visitar la Recoleta.
g. Cuando estés en México, no dejes de ir a las pirámides.
h. Decidió casarse cuando se enteró de que su novia estaba embarazada.
i. Cuando supimos la noticia, fuimos todos a verlo.
j. Cuando tengo tiempo, me hago una escapada al clube.

2. Ahora transcríbelas en las columnas correspondientes.

Para referirse a acciones habituales	Para referirse al pasado	Para referirse al futuro
....	....	....
....	....	....
....	....	....

3. Observa el cuadro que acabas de hacer y completa las reglas siguientes.

a. Para referirse a acciones habituales o pasadas, **cuando** va seguido de ....
b. Para referirse a acciones futuras, **cuando** va seguido de ....

4. Con un compañero/a completen las siguientes frases con información personal.

1. Me compraré ...., cuando ....
2. Me puse ...., cuando ....
3. Voy al (a la) ...., cuando ....
4. Viajaré a ...., cuando ....
5. Le pedí .... a ...., cuando ....
6. .... me regalará ...., cuando ....
7. Me entregarán ...., cuando ....
8. Me siento ...., cuando ....

Ejemplo: Le pedí un auto a mi padre cuando cumplí 18 años.

tema
4 Versión Mercosur

* IR A + infinitivo

1. Observa los siguientes enunciados.

1. Pasado mañana voy a llevarte los libros.
2. ¿Vas a estudiar con María esta tarde?
3. ¿Cuándo vas a terminar el informe?
4. Mañana vamos a comer con Raúl.

Ahora compara la estructura "ir a + infinitivo" de los ejemplos anteriores con su equivalente en portugués. ¿Qué diferencias encuentras?

2. Individualmente escribirás en un papel cinco cosas que vas a hacer este fin de semana.

Ejemplo: El sábado a la noche voy a bailar a "La Luna".

....
....
....
....
....

3. Ahora encuentra entre tus compañeros/as a alguien que realice por lo menos dos actividades iguales a las tuyas.

Ejemplo: *A: ¿Qué vas a hacer este fin de semana?*
                    B: Voy a bailar a "La Luna".
                    A: Yo no. Voy a ir al cine con unos amigos.

* Días de la semana

1. Recuerda los días de la semana y completa el cuadro con una palabra o frase que asocies con cada uno de ellos.

Días de la semana	Asociación
Viernes	*Sonrisa de oreja a oreja*

2. Compara tus frases con las de tus compañeros/as y comenta las diferentes asociaciones que se dieron.

3. Observa estos ejemplos.

1. A: ¿Qué día te dio turno el médico?
   B: El jueves.
2. A: ¿Qué haces los domingos?
   B: Voy al cine.
3. A: ¿Cuándo lo viste por última vez a Mauro?
   B: El martes de mañana.
4. A: ¿Qué hacen los jueves por la noche?
   B: Estudiamos español.

4. Responde ahora las siguientes preguntas.

1. ¿Los días de la semana son femeninos o masculinos?
   ....
2. ¿Qué clase de palabras precede a los días de la semana?
   ....

5. Algunas de estas oraciones tienen errores. Encuéntralos y corrígelos, son tres.

1. En el sábado vamos a ir a la playa.
2. Los lunes y miércoles tengo clase de gimnasia.
3. Quedamos con Juan en encontrarnos en el viernes después del trabajo.
4. Tengo clase de español por los lunes y miércoles.

....
....
....
....

6. Deberás concertar una cita con un/-a compañero/a, pero primero rellena esta hoja de agenda con todas las actividades que realizarás la semana que viene.

Ejemplo: A: ¿Qué te parece si quedamos el lunes a la noche?
             B: No, los lunes no puedo, porque voy a terapia.

Lunes	
Martes	
Miércoles	
Jueves	
Viernes	
Sábado	
Domingo	

* MIENTRAS y EN CUANTO

1. Observa los ejemplos que siguen. Completa el cuadro que hay a continuación y responde a la pregunta.

1. Yo, **en cuanto** descubrí esto del baloncesto, me entusiasmé.

2. Pedro va a ponerse muy contento **en cuanto** lo vea a su hijo.

3. Mi trabajo me gusta y gano muy bien, pero me amargo **en cuanto** salgo a la calle o entro en un banco.

4. Ustedes, **en cuanto** representantes del pueblo, están maduras para ejercer la justicia.

5. **En cuanto** al encuentro de esta noche, el técnico anunció que jugarán todos los integrantes del equipo.

6. El sospechoso recibió la citación **mientras** estaba en el hospital.

7. El precio de los distintos sistemas de alarma cuesta entre 400 y 1200 pesos, **mientras** que los circuitos cerrados de televisión tienen un precio básico de 700.

8. Cuando me mude, haré los negocios allá. **Mientras** tanto eso es complicado.

9. **Mientras** el partido no tenga mayoría en el Senado, al presidente le será muy difícil gobernar.

	ESTRUCTURA	SIGNIFICADO
En cuanto	+ VERBO CONJUGADO	Acción inmediatamente posterior a otra.
	+	....
	+	....

¿Qué diferencia hay entre el significado de "mientras" y "en cuanto" en español?

....

....

2. Observa de nuevo los ejemplos anteriores y completa el cuadro con cruces.

	Indicativo	Subjuntivo
Mientras		
En cuanto		

3. ¿En qué se diferencian las oraciones con "en cuanto" seguidas de indicativo de aquellas seguidas por un verbo en subjuntivo? ¿Y en el caso de "mientras"?

....

....

4. Completa los espacios en blanco con "mientras" o "en cuanto".

1. Llámame a casa .... escuches el mensaje. ¿Vale?

2. El equilibrio de su hijo le viene .... acabe una situación de estudio o trabajo que me lo tiene histérico perdido.

3. Él ha hecho un elogio de los partidos políticos .... coadyuvante fundamental del equilibrio en las decisiones de los gobiernos.

4. .... ejercía la docencia, en 1910, publicó sus primeros poemas: *El mundo rosarino* y *Monos y monadas*.

5. Pero lo que sí hace es una labor social .... a que evita que otras personas de su entorno, de su barrio, otros conciudadanos puedan ser objeto de una estafa.

6. .... a Hollywood, también abundan las historias de quienes aseguran haber observado, paseando por sus antiguas mansiones, a los espectros de Rodolfo Valentino o de John Wayne.

7. De todas formas, ... el Senado no vote en el mismo sentido, seguirá rigiendo la norma según la cual el profesional que el año pasado facturó menos de 36.000 pesos y no se inscribió en el monotributo pasa a ser desde el 1 de noviembre responsable inscripto en el IVA.

8. .... caminábamos con mi amigo Guzmán Etcheverry por la calle Florida nos llamó la atención una cierta cantidad de baldosines rotos que afean uno de los paseos más elegantes de Buenos Aires.

* La involuntariedad

1. En todas las frases siguientes aparece un jarrón roto. ¿Quién lo rompió?

a. Rompí el jarrón.
b. Se me rompió el jarrón.
c. Se rompió el jarrón.

2. ¿Qué palabras indican quién o qué lo ha hecho?

a. ....
b. ....
c. ....

3. ¿En cuál de los tres casos la acción se expresa de manera involuntaria?

....

4. Completa el cuadro.

Se	me	*rompió el jarrón*
	les	

5. Transforma estas frases convirtiéndolas en involuntarias.

Ejemplo: Manché la camisa ➤ *Se me manchó la camisa.*

a. Olvidé los libros en la escuela.
....
b. Te desataste el nudo de la corbata.
....
c. Ana estropeó el aparato de video.
....
d. Averiamos el auto en la carretera.
....
e. Desarmé el rompecabezas.
....

6. ¿Viste que hay días en que uno/a se levanta con el pie izquierdo y todo sale mal? Recuerda un día de esos en tu vida y enumera las cosas que te ocurrieron. Ayúdate con la siguiente lista de verbos.

> Olvidar - romper - manchar - perder - pinchar una goma - estropear - averiar.

Una vez que tienes la lista de los hechos, cuéntale detalladamente a un/-a compañero/a lo que te ocurrió (qué, cómo, cuándo, dónde).

* Oraciones con "PARA"

1. Observa estos ejemplos. Como puedes ver, en algunas oraciones aparece "para + infinitivo" y en otras "para que + subjuntivo". ¿A qué atribuyes esta diferencia?

1. Fui al centro para conocer la catedral.
2. Salimos temprano para no agarrar tráfico en la carretera.
3. Ella vino para que le dé unos consejos.
4. Me llamó para salir.
5. Te traje esto para que lo uses.

> Recuerda: el infinitivo en español no se flexiona.
> ¿Cómo dirías esta frase en español?
> *Para entendermos matemática, é necessário estudar.*

2. Completa con infinitivo o con verbo en subjuntivo.

1. Te llamé para que ....
2. Lo invitó a Marcos para ....
3. Nos trajeron esto para ....
4. Les pidieron que se quedaran callados para ....
5. Pasó por casa para que ....
6. Te voy a prestar el CD para que ....

* Diálogo página 114

Completa esta versión del diálogo usando las opciones del recuadro. Recuerda que los verbos en infinitivo deberás conjugarlos usando el voseo.

> Oír, poder, olvidarse, romperse, poder, lo mismo, perdonar, pasar, está bien, tener, che, mirar, computadora, todo.

- ...., Irene, ¿me .... hacer un favor?
* ¿Qué?
- ...., es que .... de que tengo que entregar este informe esta tarde, y, además, se me .... la impresora. ¿................. pasarme esto a tu .... para que yo mientras pueda ir arreglando la impresora?
*................., Jesús, no puede ser que siempre te pase ...., dejando .... para último momento y pidiendo a los compañeros que te ayuden. Ya está bien.
- Ya, ya lo sé, ... Pero es que esta vez se me .... de verdad y... bueno, es muy urgente.
* Estoy harta de tus urgencias y de tus olvidos, no hay derecho a que me estés interrumpiendo todo el día con tus cosas.
- ...., ... razón, pero es que esto lo necesito para que el cliente esté satisfecho y para que finalmente nos dé el proyecto. No es momento para discutir este tipo de cosas.
* Bueno, te ayudo por esta vez, pero que sea la última.

tema
5 Versión Mercosur

* Actividad 1

Para poder realizar la actividad que te proponemos necesitarás usar una enciclopedia o un buscador de Internet, preferentemente en español.

a. Elige un país hispanoamericano de tu interés.
b. Investiga los principales acontecimientos históricos ocurridos en él durante los últimos treinta años.
c. Traslada esquemáticamente la información al siguiente cuadro:

AÑO	ACONTECIMIENTO

21: Cómo hemos cambiado los españoles. 74: Diccionario de palabras nunca oídas antes de 1976. 75: Veinte noticias del planeta Tierra: informática, economía, Europa, democracia, migraciones, ideologías, dioses, ecología, mujeres, parejas, hogar, narcisismo, juventud, televisión, guerras, terrorismo, droga, sida, biología y astrofísica. 369: Imágenes de nuestra historia reciente. 455: Los jóvenes que nacieron con EL PAIS dan la cara.

EL PAIS 20 AÑOS

EL PAÍS Semanal 1.023. Número extra. Domingo 5 de mayo de 1996.

d. A partir del cuadro que confeccionaste, redacta un texto con los hechos ayudándote con las siguientes pistas:

....

....

....

....

....

....

....

....

....

....

....

....

....

....

Para ayudarte

antes de
después de
entonces
en
primero/después, luego
ese mismo año
al año siguiente
meses más tarde
años después

e. Repite los pasos b, c y d para tu país de origen.

f. Ahora presenta a la clase de forma comparativa lo que has descubierto en cuanto a la historia del país hispanoamericano que has elegido y la de tu propio país.
Puedes usar las siguientes estructuras:

Para ayudarte

Mientras en ....., en .....
Al mismo tiempo que en ..., en .....
En ... fue más/menos... que en....
fue tan ... como en ....

....

....

....

....

....

....

....

....

....

....

glosario

ESPAÑOL	ALEMÁN	FRANCÉS	INGLÉS	ITALIANO	PORTUGUÉS
TEMA 1	**TEMA 1**	**TEMA 1**	**TEMA 1**	**TEMA 1**	**TEMA 1**
A	**A**	**A**	**A**	**A**	**A**
Abierto, a	ehrlich, offenherzig	Ouvert	Open	Aperto	Aberto
Aburrimiento (el)	Langeweile	Ennui	Boredome	Noia	Aborrecimento
Aceptación (la)	Akzeptanz	Acceptation	Acceptance	Accettazione	Aceitação
Actual	aktuell	Actuel	Present, Current	Atttuale	Atual
Actualidad (la)	Aktualität	Actualité	Present Time, Present	Attualità	Atualidade
Acudir	herbeieilen	Se rendre	To Come, To Turn Up	Accorrere, Andare	Acudir
Adaptación (la)	Anpassung	Adaptation	Adaptation	Adattazione	Adaptação
Adecuar	anpassen	Adapter	To Adapt	Adeguare	Adequar
Adjuntar	beiliegend senden	Joindre	To Append, To Enclose	Allegare	Juntar
Administrativo/a	Verwaltungs...	Administratif	Administrative	Amministrativo	Administrativo
Afectivo/a	Gemüts...	Affectif	Affective, Emotional	Affettivo	Afetivo
Afecto (el)	Gemütsbewegung	Affection	Fondness	Affetto	Afeto
Afectuoso/a	herzlich	Affectueux	Affectionate	Affettuoso	Afetuoso
Afición (la)	Zuneigung	Goût, Passion	Likening	Inclinazione, Passione	Afeição; Hobby
Afirmación (la)	Behauptung	Affirmation	Affirmation	Affermazione	Afirmação
Agradable	angenehm	Agréable	Nice, Pleasant	Gradevole	Agradável
Agradecer	danken	Remercier	To Thank	Ringraziare	Agradecer
Agradecimiento (el)	Dankbarkeit	Remerciement	Gratitude, Thanks	Ringraziamento	Agradecimento
Agricultura (la)	Landwirtschaft	Agriculture	Agriculture, Farming	Agricoltura	Agricultura
Aguja (la)	Nadel	Aiguille	Needle	Ago; Lancetta	Agulha
Aislamiento (el)	Isolation	Isolement	Isolation	Isolamento	Isolamento
Albarán (el)	Zettel	Bordereau	Delivery Note, Invoice	Quietanza, Ricevuta	Nota de entrega
Alegrarse	s. freuen	Se réjouir	To Be Glad, To Rejoice	Rallegrarsi	Alegrar-se
Alegre	fröhlich	Joyeux	Happy, Merry	Allegro	Alegre
Alegría (la)	Freude	Joie	Happiness, Joy	Allegria	Alegria
Alimentación (la)	Ernährung	Alimentation	Nourishment, Food	Alimentazione	Alimentação
Alimento (el)	Nahrung	Aliment	Food	Alimento	Alimento
Alma (el)	Seele	Ame	Soul	Anima	Alma
Alto/a	hoch	Grand	Tall, High	Alto	Alto
Amable	liebenswürdig	Aimable	Kind, Lovable	Gentile	Amável
Amar	lieben	Aimer	To Love	Amare	Amar
Ambiente (el)	Stimmung	Ambiance	Environment	Ambiente	Ambiente
Amigo/a (el, la)	Freund	Ami	Friend	Amico	Amigo
Amor (el)	Liebe	Amour	Love	Amore	Amor
Amplio/a	weit	Vaste	Wide, Big	Ampio	Amplo
Anfitrión/-a (el, la)	Gastgeber	Amphitryon	Amphitryon	Anfitrione	Anfitrião
Aniversario (el)	Jahrestag	Anniversaire	Anniversary	Anniversario	Aniversário
Antiguo/a	alt	Ancien	Old, Ancient	Antico	Antigo
Anual	jährlich	Annuel	Annual	Annuale	Anual
Anuncio (el)	Anzeige	Publicité	Advertisement, Notice	Annuncio	Anúncio
Aparecer	erscheinen	Apparaître	To Appear	Apparire	Aparecer
Apellido (el)	Familienname	Nom (de famille)	Surname	Cognome	Sobrenome
Apertura (la)	Öffnung	Ouverture	Opening	Apertura	Abertura
Apreciar	schätzen	Apprécier	To Value, To Evaluate	Apprezzare	Apreciar
Aprender	lernen	Apprendre	To Learn	Imparare	Aprender
Aprobar	genehmigen	Accepter	To Approve	Approvare	Aprovar
Aprovechar	nutzen	Profiter	To Use, To Exploit	Approfittare	Aproveitar
Archivador (el)	Aktenschrank	Classeur	Filing Cabinet, File	Archivio	Arquivador
Arte (el)	Kunst	Art	Art	Arte	Arte
Asegurar	sichern	Assurer	To Secure, To Fix	Assicurare	Assegurar
Asesor/-a (el, la)	Berater	Assesseur	Adviser, Consultant	Consulente	Assessor
Atención (la)	Aufmerksamkeit	Attention	Attention Kindness	Attenzione	Atenção
Atracción (la)	Anziehungskraft	Attirance	Attraction	Attrazione	Atração
Atractivo/a	anziehend	Attirant	Attractive	Attrattivo, Attraente	Atrativo
Atreverse	s. trauen	Oser	To Dare	Avere il coraggio	Atrever
Avergonzar	schämen	Avoir honte	To Shame	Vergognarsi	Envergonhar
Ayudar	helfen	Aider	To Help	Aiutare	Ajudar
B	**B**	**B**	**B**	**B**	**B**
Bajar	sinken	Descendre	To Go Down; To Lower	Scendere; Fare scendere	Baixar
Balance (el)	Bilanz	Bilan	Balance	Bilancio	Balanço
Beca (la)	Stipendium	Bourse	Scholarship	Borsa di studio	Bolsa
Belleza (la)	Schönheit	Beauté	Beauty	Bellezza	Beleza
Beso (el)	Kuss	Baiser	Kiss	Bacio	Beijo
Bien	gut	Bien	Good, Well	Bene	Bem
Blanco/a	weiss	Blanc	White	Bianco	Branco
Bruto/a	Brutto	Brut	Gross; Rough	Lordo	Bruto
Buscar	suchen	Chercher	To Look For	Cercare	Buscar
C	**C**	**C**	**C**	**C**	**C**
Cabeza (la)	Kopf	Tête	Head	Testa	Cabeça
Calidad (la)	Qualität	Qualité	Quality	Qualità	Qualidade
Calma (la)	Ruhe	Calme	Calm	Calma	Calma
Cambiar	ändern	Changer	To Change	Cambiare	Mudar
Cambio (el)	Änderung	Changement	Change	Cambio	Mudança
Cansancio (el)	müde werden	Se fatiguer	To Get Tired	Stancarsi	Cansar
Cansarse	Müdigkeit	Fatigue	Tiredness	Stanchezza	Cansaço
Cantar	singen	Chanter	To Sing	Cantare	Cantar
Capacidad (la)	Fähigkeit	Capacité	Capacity, Ability	Capacità	Capacidade
Capaz	fähig	Capable	Capacious, Able	Capace	Capaz
Captar	fesseln	Capter	To Captivate; To Win	Captare	Captar

ESPAÑOL	ALEMÁN	FRANCÉS	INGLÉS	ITALIANO	PORTUGUÉS
Cariño (el)	Zuneigung	Affection	Love, Affection	Affetto	Carinho
Carpintero/a (el, la)	Tischler	Menuisier	Carpenter	Falegname	Carpinteiro
Carta (la)	Brief	Lettre	Letter	Lettera	Carta
Casa (la)	Haus, Wohnung	Maison	Home, House	Casa	Casa
Chico/a (el, la)	Junge/Mädchen	Garçon	Boy/Girl	Ragazzo	Menino
Chorro (el)	Guss	Jet	Jet	Getto	Jorro
Cita (la)	Termin	Rendez-vous	Appointment	Appuntamento	Encontro
Ciudad (la)	Stadt	Ville	City, Town	Città	Cidade
Claro/a	klar	Clair	Clear	Chiaro	Claro
Clase (la)	Schulklasse; Unterricht	Classe	Classroom; Lesson	Classe; Lezione	Classe
Colaborador/-a (el, la)	Mitarbeiter	Collaborateur	Collaborator	Collaboratore	Colaborador
Colegio (el)	Schule	Collège	School	Scuola	Colégio
Colérico/a	cholerisch	Coléreux	Angry, Furious	Collerico	Colérico
Color (el)	Farbe	Couleur	Colour	Colore	Cor
Comer	essen	Manger	To Eat	Mangiare	Comer
Compañero/a (el, la)	Kommillitone	Collègue	Mate, Partner	Compagno	Companheiro
Comparar	vergleichen	Comparer	To Compare	Comparare	Comparar
Compartir	mitteilen	Partager	To Share	Condividere	Compartilhar
Compasivo/a	mitfühlend	Compatissant	Compassionate	Compassionevole	Compassivo
Comprar	kaufen	Acheter	To Buy	Comprare	Comprar
Comprender	verstehen	Comprendre	To Understand	Capire	Compreender
Comprensión (la)	Verständnis	Compréhension	Understanding	Comprensione	Compreensão
Comprometerse	s. verpflichten	S'engager	To Compromise Oneself	Compromettersi	Comprometer-se
Comunicación (la)	Mitteilung	Communication	Communication	Comunicazione	Comunicação
Comunicarse	Kommunizieren	Communiquer	To Communicate	Comunicare	Comunicar-se
Conectar	verbinden	Connecter	To Connect	Connettere, Collegare	Conectar
Conexión (la)	Verbindung	Connexion	Connection	Connessione	Conexão
Confianza (la)	Vertrauen	Confiance	Trust, Reliance	Confidenza, Fiducia	Confiança
Confiar	trauen	Avoir confiance	To Trust, To Rely	Aver fiducia di	Confiar
Conocimiento (el)	Kenntnis	Connaissance	Knowledge	Conoscenza	Conhecimento
Conseguir	schaffen	Obtenir	To Obtain	Ottenere	Conseguir
Considerar	erwägen	Considérer	To Consider, To Think	Stimare	Considerar
Contabilidad (la)	Buchführung	Comptabilite	Accounting	Contabilità	Contabilidade
Contacto (el)	Umgang	Contact	Contact, Touch	Contatto	Contato
Contar	erzählen	Raconter	To Tell	Raccontare	Contar
Contento/a	zufrieden	Content	Happy, Glad	Contento	Contente
Contestar	antworten	Répondre	To Answer, To Reply	Rispondere	Contestar
Continuar	fortsetzen	Continuer	To Go On With	Continuare	Continuar
Contratar	einstellen	Engager	To Sign A Contract For	Contrattare	Contratar
Contrato (el)	Vertrag	Contrat	Contract, Agreement	Contratto	Contrato
Convenir	vereinbaren	Convenir	To Agree With	Concordare	Convir
Cordial	herzlich	Cordial	Cordial, Hearty	Cordiale	Cordial
Cosa (la)	Sache	Chose	Thing, Matter	Cosa	Coisa
Creer	glauben	Croire	To Believe, To Think	Credere	Crer
Cubrir	bedecken	Couvrir	To Cover, To Hide	Coprire	Cobrir
Cultivo (el)	Anbau	Culture	Crop, Cultivation	Coltivazione, Coltura	Cultivo
Currículum (el)	Lebenslauf	Curriculum	Curriculum	Curriculum	Currículo
Cursillo (el)	Lehrgang	Stage	Short Course	Corso breve	Cursinho

D	D	D	D	D	D
Dar	geben	Donner	To Give	Dare	Dar
Dato (el)	Daten	Donnée	Fact, Datum	Dato	Dado
Deber	müssen	Devoir	To Have To, Must	Dovere	Dever
Decepción (la)	Enttäuschung	Déception	Disappointment	Delusione	Decepção
Decepcionarse	s. enttäuschen	Etre déçu	To Get Disappoint	Deludersi	Decepcionar-se
Decidir	entscheiden	Décider	To Decide	Decidere	Decidir
Decir	sagen	Dire	To Say	Dire	Dizer
Dedicarse	s. beschäftigen mit	Se consacrer	To Devote Oneself	Dedicarsi	Dedicar-se
Dejar	lassen	Laisser	To Leave, To Let	Lasciare	Deixar
Dentista (el, la)	Zahnarzt	Dentiste	Dentist	Dentista	Dentista
Departamento (el)	Abteilung	Service	Department	Dipartimento	Departamento
Depender	abhängen	Dépendre	To Depend	Dipendere	Depender
Deprimirse	deprimiert werden	Etre déprimé	To Get Depressed	Deprimersi	Deprimir-se
Desafío (el)	Herausforderung	Défi	Challenge	Sfida	Desafio
Desagradar	missfallen	Déplaire	To Displease	Spiacere, Disgustare	Desagradar
Desaparecer	verschwinden	Disparaître	To Disappear	Sparire	Desaparecer
Desconcierto (el)	Verwirrung	Embarras	Uneasiness	Sconcerto	Desconcerto
Describir	beschreiben	Décrire	To Describe	Descrivere	Descrever
Desear	wünschen	Souhaiter	To Want, To Wish	Desiderare	Desejar
Desesperación (la)	Verzweiflung	Désespoir	Desperation, Despair	Disperazione	Desesperação
Destacar	hervorragen	Ressortir	To Emphasize	Distaccare	Destacar
Determinar	bestimmen	Déterminer	To Determine, To Cause	Determinare	Determinar
Día (el)	Tag	Jour	Day	Giorno	Dia
Diccionario (el)	Wörterbuch	Dictionnaire	Dictionary	Dizionario	Dicionário
Dieta (la)	Tagegeld	Indemnité	Diet	(Soldi per la) Trasferta	Dieta
Diferente	unterschiedlich	Différent	Different	Differente	Diferente
Difícil	schwierig	Difficile	Difficult	Difficile	Difícil
Dinero (el)	Geld	Agent	Money	Soldi	Dinheiro
Dios/-a (el, la)	Gott	Dieu	God	Dio, Dea	Deus
Dirección (la)	Adresse	Adresse	Address	Indirizzo	Direção
Disculpar	entschuldigen	Excuser	To Excuse	Scusare	Desculpar
Discutir	streiten, diskutieren	Se disputer	To Argue, To Discuss	Litigare	Discutir
Disgustarse	s. ärgern; unzufrieden sein	Etre contrarié	To Be Annoyed	Disgustarsi	Desgostar
Disponer	anordnen; verfügen	Disposer	To Dispose, To Order	Disporre	Dispor
Distraerse	s. vergnügen	Se distraire	To Be Absentminded	Distrarsi	Distrair-se
Documento (el)	Urkunde	Document	Document, Paper	Documento	Documento
Doler	schmerzen	Avoir mal, Souffrir	To Hurt, To Pain	Dolere, Fare male	Doer
Dominar	beherrschen	Dominer	To Dominate, To Rule	Dominare	Dominar
Dominio (el)	Herrschaft	Maîtrise	Dominion	Dominio	Domínio
Don/Doña	Herr/Frau	Monsieur/Madame	Mr.	Signor	Dom
Dormirse	einschlafen	S'endormir	To Fall Asleep	Addormentarsi	Dormir
Dotación (la)	Ausstattung	Dotation	Staff, Endowment	Dotazione	Dotação
Duro/a	hart	Dur	Hard	Duro	Duro

E	E	E	E	E	E
Echar(se) (la siesta)	s. hinlegen	Faire la sieste	To Sleep After Lunch	Fare il riposino pomeridiano	Atirar-se
Económico/a	wirtschaftlich	Economique	Cheap	Economico	Econômico
Ejercicio (el)	Übung	Exercice	Exercise	Esercizio	Exercício

ESPAÑOL	ALEMÁN	FRANCÉS	INGLÉS	ITALIANO	PORTUGUÉS
Elevar	steigern	Elever	To Lift, To Raise	Elevare	Elevar
Emigrar	auswandern	Emigrer	To Emigrate	Emigrare	Emigrar
Empezar	anfangen	Commencer	To Start, To Begin	Iniziare	Começar
Encantar	sehr gut gefallen	Enchanter	To Charm, To Fascinate	Piacere molto	Encantar
Encontrar(se)	s. treffen; s. fühlen	Se retrouver; Se sentir	To Meet	Vedersi	Encontrar-se
Enfado (el)	Ärger	Colère	Annoyance, Anger	Arrabbiatura	Zanga
Enfermar	krank werden	Etre malade	To Fall Ill	Ammalarsi	Adoecer
Enojarse	s. ärgern	Se fâcher	To Get Angry	Arrabbiarsi	Enfurecer-se
Enseñanza (la)	Unterricht	Enseignement	Teaching, Education	Insegnamento	Ensino
Entidad (la)	Firma	Etité	Entity, Firm	Entità, Ente	Entidade
Entender	verstehen	Comprendre	To Understand	Capire	Entender
Entorno (el)	Umgebung	Environnement	Setting, Scene	Ambiente	Ambiente
Entristecerse	traurig werden	S'attrister	To Grow Sad	Intristirsi	Entristecer-se
Entusiasmarse	s. begeistern	S' enthousiasmer	To Get Enthusiastic	Entusiasmarsi	Entusiasmar-se
Entusiasmo (el)	Begeisterung	Enthousiasme	Enthusiasm	Entusiasmo	Entusiasmo
Equipo (el)	Team	Equipe	Team	Gruppo di Lavoro	Equipamento
Escribir	schreiben	Ecrire	To Write	Scrivere	Escrever
Escuela (la)	Schule	Ecole	School	Scuola	Escola
Esencia (la)	Wesen	Essence	Essence	Essenzia	Essência
Esperar	hoffen	Espérer	To Hope	Sperare	Esperar
Estado (el)	Zustand	Etat	State	Stato	Estado
Estudio (el)	Ausbildung	Les études	Education	Studio	Estudo
Evitar	vermeiden	Eviter	To Avoid	Evitare	Evitar
Exacto/a	genau	Exact	Exact	Esatto	Exato
Examen (el)	Prüfung	Examen	Exam	Esame	Exame
Exigente	anspruchsvoll	Exigeant	Demanding, Strict	Esigente	Exigente
Experiencia (la)	Erfahrung	Expérience	Experience	Esperienza	Experiência
Explotar	ausnutzen, ausbeuten	Exploiter	To Exploit	Sfruttare	Explorar; Explodir
Expresar	ausdrücken, äussern	Exprimer	To Express	Esprimere	Expressar
Externo/a	äusserlich	Externe	External, Outside	Esterno	Externo
Extranjero/a	Ausländer	Etranger	Foreign, Foreigner	Straniero	Estrangeiro
Extrañar	wundern	Surprendre	To Find Strange	Sorprendere	Estranhar
Extrañeza (la)	Erstaunen	Surprise	Strangeness, Surprise	Stupore	Estranheza

F	F	F	F	F	F
Facilidad (la)	Leichtigkeit	Facilité	Easiness	Facilità	Facilidade
Fastidiar	belästigen	Embêter	To Annoy, To Damage	Infastidire	Chatear
Favor (el)	Gefallen	Service	Favour, Good Turn	Favore	Favor
Fecha	Datum	Date	Date	Data	Data
Feliz	glücklich	Heureux	Happy	Felice	Feliz
Fiesta (la)	Fest	Fête	Celebration	Festa	Festa
Fijar	festlegen	Fixer	To Fix, To Set	Fissare	Fixar
Flexibilidad (la)	Flexibilität	Souplesse	Flexibility	Flessibilità	Flexibilidade
Florecer	blühen	Fleurir	To Flower, To Bloom	Fiorire	Florescer
Formación (la)	Ausbildung	Formation	Formation, Education	Formazione	Formação
Fotografía (la)	Lichtbild	Photographie	Photo	Fotografia	Fotografia
Frecuencia (la)	Häufigkeit	Fréquence	Frequency	Frequenza	Frequência
Frustrarse	scheitern	Echouer	To Be Frustrate	Frustrarsi	Frustrar-se
Función (la)	Tätigkeit	Fonction	Function, Duties	Funzione	Função
Furioso/a	wütend	Furieux	Furious	Furioso	Furioso

G	G	G	G	G	G
Gastar	verbrauchen, ausgeben	Dépenser	To Spend	Spendere	Gastar
Gente (la)	Leute	Les gens	People	Gente	Gente
Gritar	schreien	Crier	To Shout, To Scream	Gridare	Gritar
Guardar	bewahren	Garder	To Put Away, To Keep	Mettere via	Guardar
Gustar	gefallen	Plaire	To Like	Piacere	Gostar

H	H	H	H	H	H
Hablar	sprechen, reden	Parler	To Speak, To Talk	Parlare	Falar
Hacer	machen, tun	Faire	To Do, To Make	Fare	Fazer
Herir	verletzen	Blesser	To Injure, To Hurt	Ferire	Ferir
Hermosura (la)	Schönheit	Beauté	Beauty	Bellezza	Formosura
Hijo/a (el, la)	Sohn/Tochter	Fils	Son/Daughter	Figlio	Filho
Hombre (el)	Mann	Homme	Man	Uomo	Homem
Hora (la)	Stunde	Heure	Hour	Ora	Hora
Humano/a	menschlich	Humain	Human	Umano	Humano

I	I	I	I	I	I
Idioma (el)	Sprache	Langue	Language	Lingua	Idioma
Igual	gleich	Egal	Equal; Similar	Uguale	Igual
Implantar	einführen	Implanter	To Implant	Instaurare	Implantar
Importar	wichtig sein	Importer	To Import	Importare	Importar
Impresora (la)	Drucker	Imprimante	Printer	Stampante	Impressora
Imprimir	drucken	Imprimer	To Print	Stampare	Imprimir
Impuntualidad (la)	Unpünktlichkeit	Non punctualité	Not Punctuality	Impunità	Impontualidade
Incentivo (el)	Anreiz	Prime	Incentive	Incentivo	Incentivo
Incomprensión (la)	Verständnislosigkeit	Incompréhension	Incomprehension	Incomprensione	Incompreensão
Incorporación (la)	Eingliederung, Aufnahme	Incorporation	Incorporation, Inclusion	Annessione	Incorporação
Indefinido/a	unbestimmt	Indéfini	Indefinite, Vague	Indefinito	Indefinido
Indignar	empören	Indigner	To Make Indignant	Indignare	Indignar
Informática (la)	Informatik	Informatique	Informatics	Informatica	Informática
Informe (el)	Bericht	Rapport	Report	Relazione, Rapporto	Relatório
Inmediato/a	unmittelbar	Immédiat	Immediate, Prompt	Inmediato	Imediato
Instalar	einrichten	Instaler	To Install	Installare	Instalar
Intentar	versuchen	Essayer	To Try, To Attempt	Cercare di	Tentar
Interno/a	innerlich	Interne	Internal, Interior	Interno	Interno
Ir	gehen	Aller	To Go	Andare	Ir
Ira (la)	Zorn	Colère	Anger, Rage	Ira	Ira
Isla (la)	Insel	Ile	Island	Isola	Ilha

J	J	J	J	J	J
Jefe/a (el, la)	Chef	Chef	Boss; Manager	Capo	Chefe

L	L	L	L	L	L
Laboral	Arbeits...	Du travail	Labour	Lavorativo	Laboral
Lamentar	leid tun	Regretter	To Regret, To Lament	Lamentare	Lamentar
Largo/a	lang	Long	Long	Lungo	Longo

ESPAÑOL	ALEMÁN	FRANCÉS	INGLÉS	ITALIANO	PORTUGUÉS
Lástima (la)	Mitleid	Pitié; Dommage	Pity, Shame	Pictà, Pena	Lástima
Leal	treu	Loyal	Loyal, Faithful	Leale	Leal
Leer	lesen	Lire	To Read	Leggere	Ler
Legislación (la)	Gesetzgebung	Législation	Legislation	Legislazione	Legislação
Lejanía (la)	Entfernung	Lointain	Distance	Lontananza	Distância
Lejos	weit entfernt	Loin	Far (Away)	Lontano	Longe
Letras (las)	Geisteswissenschaften	Lettres	Literature	Lettere	Letras
Libertad (la)	Freiheit	Liberté	Freedom	Libertà	Liberdade
Libro (el)	Buch	Livre	Book	Libro	Livro
Licenciarse	das Staatsexamen ablegen	Passer sa licence	To Graduate	Laurearsi	Formar-se
Líder	Führer	Leader	Leader	Leader	Líder
Línea (la)	Leitung	Ligne	Line, Cable	Linea	Linha
Listo/a	schlau; fertig	Intelligent; Prêt	Clever, Smart	Furbo	Preparado; Inteligente
Llamar	anrufen	Appeler	To Call	Chiamare	Chamar
Llegar	ankommen	Arriver	To Arrive, To Come	Arrivare	Chegar
Llevar	tragen	Porter	To Carry, To Take	Portare	Levar
Lugar (el)	Platz	Lieu	Place	Luogo	Lugar
Luna (la)	Mond	Lune	Moon	Luna	Lua
M	**M**	**M**	**M**	**M**	**M**
Madre (la)	Mutter	Mère	Mother	Madre	Mãe
Mandar	senden	Envoyer	To Send , To Order	Mandare	Mandar
Manejar	führen	Manier	To Handle, To Run	Maneggiare	Manejar
Manera (la)	Art	Façon	Way, Manner	Modo, Maniera	Maneira
Manifestar	offenbaren	Manifester	To Show, To Manifest	Manifestare	Manifestar
Mantener	behalten	Entretenir	To Support	Mantenere	Manter
Mar (el)	Meer	Mer	Sea	Mare	Mar
Mejorar	verbessern	Améliorer	To Improve	Migliorare	Melhorar
Memoria (la)	Speicherkapazität	Mémoire	Memory	Memoria	Memória
Mes (el)	Monat	Mois	Month	Mese	Mês
Miedo (el)	Angst	Peur	Fear	Paura	Medo
Mínimo/a	Mindest...	Minimum	Minimum; Smallest	Minimo	Mínimo
Mirar	betrachten	Regarder	To Look At, To See	Guardare	Olhar
Misterio (el)	Geheimnis	Mystère	Mystery	Mistero	Mistério
Molestar	stören	Déranger	To Annoy, To Bother	Molestare	Incomodar
Momento (el)	Augenblick	Moment	Moment, Instant	Momento	Momento
Mujer (la)	Frau	Femme	Woman	Donna	Mulher
Mulato/a	Mulatte	Métisse	Mulatto	Mulatto	Mulato
N	**N**	**N**	**N**	**N**	**N**
Nacer	geboren werden	Naître	To Be Born	Nascere	Nascer
Nacimiento (el)	Geburt	Naissance	Birth	Nascita	Nascimento
Necesario/a	nötig	Nécessaire	Necessary	Necessario	Necessário
Necesitar	benötigen	Avoir besoin de	To Need	Aver bisogno di	Necessitar
Negritud (la)	Schwarzheit	Négritude	Blackness	Essere nero	Negritude
Negro/a	schwarz	Noir	Black	Nero	Negro
Neto/a	Netto...	Net	Net	Netto	Líquido
Nómina (la)	Gehaltsliste	Feuille de paye	Payroll	Busta paga	Folha de pagamento
Nostalgia (la)	Sehnsucht	Nostalgie	Nostalgia	Nostalgia	Nostalgia
Notable	bemerkenswert	Remarquable	Notable; Outstanding	Notevole	Notável
Nuevo/a	neu	Nouveau	New	Nuovo	Novo
O	**O**	**O**	**O**	**O**	**O**
Objeto (el)	Gegenstand	Objet	Object	Oggetto	Objeto
Obra (la)	Werk	Oeuvre	Work	Opera	Obra
Ocasión (la)	Gelegenheit	Occasion	Chance, Opportunity	Occasione	Ocasião
Ocuparse	s. beschäftigen	S'occuper	To Concern Oneself	Occuparsi	Ocupar-se
Ocurrir	geschehen	Arriver	To Happen; To Occur	Succedere	Ocorrer
Odio (el)	Hass	Haine	Hatred, Hate	Odio	Ódio
Oficina (la)	Büro	Bureau	Office	Ufficio	Escritório
Ofrecer	anbieten	Offrir	To Offer	Offrire	Oferecer
Oír	hören	Ecoute	To Hear, To Listen To	Sentire	Ouvir
Olvidar	vergessen	Oublier	To Forget	Scordare	Esquecer
Oral	mündlich	Oral	Oral	Orale	Oral
Orden (la)	Auftrag, Befehl	Ordre	Order	Ordine	Ordem
Ordenador (el)	Computer	Ordinateur	Computer	Computer	Computador
Ordenar	ordnen	Ordonner	To Put In Order	Ordinare	Ordenar
Organigrama (el)	Organigramm	Organigramme	Flow Chart	Organigramma	Organograma
Orgulloso/a	stolz	Orgueilleux	Proud	Orgoglioso	Orgulhoso
P	**P**	**P**	**P**	**P**	**P**
Paciente	geduldig	Patient	Patient	Paziente	Paciente
Página (la)	Seite	Page	Page	Pagina	Página
País (el)	Land	Pays	Country	Paese	País
Paisaje (el)	Landschaft	Paysage	Landscape, Countryside	Paesaggio	Paisagem
Papel (el)	Papier	Papier	Paper	Carta	Papel
Pareja (la)	Paar	Couple	Pair, Couple	Coppia	Casal
Participar	teilnehmen	Participer	To Take Part, To Inform	Partecipare	Participar
Pasado (el)	Vergangenheit	Passé	Past	Passato	Passado
Pasar	geschehen	Passer	To Pass	Passare, Succedere	Passar
Pasión (la)	Leidenschaft	Passion	Passion	Passione	Paixão
Pauta (la)	Vorbild	Modèle	Guideline, Model	Guida, Modello, Riga	Pauta
Pedir	bitten	Demander	To Ask For, To Request	Richiedere, Chiedere	Pedir
Pelear	streiten	Combattre	To Fight, To Quarrel	Combattere, Litigare	Brigar
Pena (la)	Leid	Peine	Grief; Regret	Pena	Pena
Pensar	denken	Penser	To Think	Pensare	Pensar
Percibir	wahrnehmen	Percevoir	To Perceive; To Earn	Percepire	Perceber
Perder	verlieren	Perdre	To Lose	Perdere	Perder
Perdonar	vergeben	Pardonner	To Forgive	Perdonare	Perdoar
Perfecto/a	vollkommen, perfekt	Parfait	Perfect	Perfetto	Perfeito
Perfil (el)	Profil	Profil	Profile, Section	Profilo	Perfil
Permitir	erlauben	Permettre	To Allow, To Permit	Permettere	Permitir
Persona (la)	Person	Personne	Person	Persona	Pessoa
Perspectiva (la)	Perspektive	Perspective	Perspective, Prospect	Prospettiva	Perspectiva
Planear	planen	Projeter	To Plan	Progettare	Planejar
Planta (la)	Pflanze	Plante	Plant	Pianta	Planta
Pluma (la)	Feder	Stylo plume	Pen	Penna	Pluma
Poder	können	Pouvoir	Can, To Be Able To	Potere	Poder

ESPAÑOL	ALEMÁN	FRANCÉS	INGLÉS	ITALIANO	PORTUGUÉS
Poema (el)	Gedichte	Poème	Poem	Poema	Poema
Poesía (la)	Poesie	Poésie	Poetry	Poesia	Poesia
Poeta (el, la)	Dichter	Poète	Poet	Poeta	Poeta
Popular	beliebt	Populaire	Popular	Popolare	Popular
Poseer	besitzen	Posséder	To Have, To Own	Possedere	Possuir
Posibilidad (la)	Möglichkeit	Possibilité	Possibility, Chance	Possibilità	Possibilidade
Practicar	ausüben	Pratiquer	To Practise, To Exercise	Fare pratica, Esercitare	Praticar
Precisar	brauchen	Avoir besoin de	To Need, To Require	Aver bisogno di	Precisar
Predominio (el)	Vorherrschaft	Prédominance	Predominance	Predominio	Predomínio
Pregunta (la)	Frage	Question	Question	Domanda	Pergunta
Preocupación (la)	Besorgnis	Préoccupation	Worry, Preoccupation	Preoccupazione	Preocupação
Preocupar(se)	besorgt sein, s. kümmern	Se faire du soucis	To Worry About	Preoccuparsi	Preocupar
Presencia (la)	Anwesenheit	Présence	Presence	Presenza	Presença
Presentación (la)	Vorstellung	Présentation	Presentation	Presentazione	Apresentação
Presentador/-a (el, la)	Ansager	Présentateur	Presenter	Presentatore	Apresentador
Presionar	Druck ausüben	Faire pression sur	To Press	Fare pressione	Pressionar
Prestar	leihen	Prêter	To Lend	Prestare	Emprestar
Prestigio (el)	Ruf	Prestige	Prestige	Prestigio	Prestígio
Presupuesto (el)	Voraussetzung	Supposition; Budget	Loan	Preventivo	Orçamento
Producir	produzieren	Produire	To Product, Profit	Produrre	Produzir
Producto (el)	Produkt	Produit	Product	Prodotto	Produto
Profesor/-a (el, la)	Lehrer	Professeur	Teacher	Professore	Professor
Profesorado (el)	Lehramt	Professorat	Teaching Staff	Il corpo insegnanti	Professorado
Profundo/a	tief	Profond	Deep	Profondo	Profundo
Prometer	versprechen	Promettre	To Promise	Promettere	Prometer
Promoción (la)	Förderung	Promotion	Promotion	Promozione	Promoção
Propio/a	eigen	Propre	Own, Of One's Own	Proprio	Próprio
Próximo/a	nahe	Prochain	Near, Close	Prossimo, Vicino	Próximo
Puesto (el)	Stelle	Poste	Job, Position	Posto	Posto
Punta (la)	Spitze	Pointe	End; Point	Punta	Ponta

Q	Q	Q	Q	Q	Q
Quedar	s. verabreden	Prendre rendez-vous	To Arrange	Fissare un appuntamento	Ficar
Querer	wollen	Vouloir	To Want, To Wish For	Volere; Volere bene	Querer
Quitar	nehmen	Enlever	To Take Away	Togliere	Retirar

R	R	R	R	R	R
Rápido/a	schnell	Rapide	Fast, Quick	Rapido, Veloce	Rápido
Raro/a	seltsam	Bizarre	Strange, Rare	Strano	Raro
Razón (la)	Vernunft	Raison	Reason	Ragione	Razão
Reaccionar	reagieren	Réagir	To React	Reagire	Reagir
Realizar	verwirklichen	Réaliser	To Realize	Realizzare	Realizar
Rebelde	widerspenstig	Rebelle	Rebeld; Rebellious	Ribelle	Rebelde
Recuperar	wiederbekommen	Récupérer	To Recover	Recuperare	Recuperar
Recurso (el)	Hilfsmittel; Ausweg	Recours	Recourse, Resort	Ricorso	Recurso
Referirse	s. beziehen auf	Se référer à	To Refer To	Riferirsi	Referir-se
Reflejar	widerspiegeln	Refléter	To Reflect	Riflettere	Refletir
Regalar	schenken	Offrir	To Give, To Present	Regalare	Presentear
Relacionar	in Verbindung bringen	Mettre en relation	To Relate To	Relazionare	Relacionar
Rencor (el)	Groll	Rancoeur	Rancour, Resentment	Rancore	Rancor
Requerir	auffordern	Requérir	To Require	Richiedere	Requerer
Requisito (el)	Bedingung	Conditions requises	Requisite	Requisito	Requisito
Rescindir	aufheben	Résilier	To Rescind, To Cancel	Rescindere, Annullare	Rescindir
Responsabilizarse	die Haftung übernehmen	Assumer la responsabilité	To Take Charge	Rendersi responsabile di	Responsabilizar-se
Respuesta (la)	Antwort	Réponse	Answer; Response	Risposta	Resposta
Resultar	resultieren	Être	To Turn Out	Risultare	Resultar
Retrasarse	s. verspäten	Se retarder	To Be Slow; To Be Late	Ritardare	Atrasar-se
Retribución (la)	Vergütung	Rétribution	Pay; Reward	Retribuzione	Retribuição
Reunión (la)	Versammlung	Réunion	Meeting	Riunione	Reunião
Ridículo (el)	lächerlich	Ridicule	Ridicolous	Ridicolo	Ridículo
Rodear	umgeben	Entourer	To Surround	Circondare, Attorniare	Rodear
Rollo	langweilig	Galère	Bore	Noioso	Chatice (ser uma)
Romper	brechen	Rompre	To Break	Rompere	Romper

S	S	S	S	S	S
Saber	wissen	Savoir	To Know	Sapere	Saber
Sala (la)	Raum	Salle	Drawing Room, Hall	Sala	Sala
Salir	gehen	Passer	To Gou Out, To Leave	Riuscire, Andare	Sair
Saludo (el)	Gruss	Salutation	Greeting	Saluto	Cumprimento
Sanguíneo/a	sanguinisch	Sanguin	Blood	Sanguineo	Sanguíneo
Satisfecho/a	zufrieden	Satisfait	Satisfied	Soddisfatto	Satisfeito
Sección (la)	Abschnitt	Section	Section	Sezione	Seção
Seguir	folgen	Suivre	To Follow	Seguire; Continuare a	Seguir
Sello (el)	Briefmarke	Timbre	Stamp	Francobollo; Timbro	Selo
Semana (la)	Woche	Semaine	Week	Settimana	Semana
Sensación (la)	Empfindung	Sensation	Sensation, Feeling	Sensazione	Sensação
Sensualidad (la)	Sinnlichkeit	Sensualité	Sensuality	Sensualità	Sensualidade
Sentarse	setzen	S'assoir	To Sit Down	Sedersi	Sentar-se
Sentido (el)	Sinn	Sens	Sense	Senso	Sentido
Sentimiento (el)	Gefühl	Sentiment	Feeling, Emotion	Sentimento	Sentimento
Sentir	fühlen	Ressentir	To Feel, To Perceive	Sentire	Sentir
Señor/-a (el, la)	Herr/Frau	Monsieur/Madame	Gentleman/Lady	Signor/Signora	Senhor
Serenidad (la)	Gemütsruhe	Sérénité	Serenity, Peacefulness	Serenità	Serenidade
Serie (la)	Folge	Série	Series	Serie	Série
Serio/a	ernst, zuverlässig	Sérieux	Serious	Serio	Sério
Servir	dienen	Servir	To Serve	Servire	Servir
Siesta (la)	Mittagsruhe	Sieste	Nap, Siesta	Riposino, Siesta	Sesta
Significado (el)	Bedeutung	Sens	Meaning; Significance	Significato	Significado
Simpático/a	sympathisch	Sympathique	Nice	Simpatico	Simpático
Sitio (el)	Platz	Lieu	Place	Posto	Lugar
Social	gesellschaftlich	Social	Social	Sociale	Social
Soledad (la)	Einsamkeit	Solitude	Loneliness	Solitudine	Solidão
Solucionar	lösen, erledigen	Solutionner	To Solve	Risolvere	Solucionar
Sonreír	lächeln	Sourire	To Smile	Sorridere	Sorrir
Sonrisa (la)	Lächeln	Sourire	Smile	Sorriso	Sorriso
Soportar	ertragen	Supporter	To Stand, To Bear	Sopportare	Suportar
Sorpresa (la)	Überraschung	Surprise	Surprise	Sorpresa	Surpresa
Sucursal (la)	Zweiggeschäft	Sucursale	Branch; Subsidiary	Succursale	Sucursal

ESPAÑOL	ALEMÁN	FRANCÉS	INGLÉS	ITALIANO	PORTUGUÉS
Sueldo (el)	Gehalt	Salaire	Pay, Salary, Wage	Stipendio	Salário
Sueño (el)	Traum	Rêve	Sleep, Dream	Sogno, Sonno	Sonho
Sufrir	leiden	Souffrir	To Suffer	Soffrire	Sofrer
Sugerir	vorschlagen	Suggérer	To Suggest, To Prompt	Suggerire	Sugerir
Superficial	oberflächlich	Superficiel	Superficial	Superficiale	Superficial
Superior	Ober...	Supérieur	Superior; Upper	Superiore	Superior
Surgir	erscheinen	Surgir	To Arise, To Appear	Sorgere, Emergere	Surgir

T	T	T	T	T	T
Temer	fürchten	Craindre	To Be Afraid Of	Temere, Aver paura	Temer
Temor (el)	Furcht	Crainte	Fear	Timore	Temor
Temporal	zeitlich	Temporaire	Temporary	Temporaneo	Temporário
Tender	neigen zu	Avoir tendance á	To Strech; To Spread	Tendere, Stendere	Tender
Tener	haben	Avoir	To Have, To Hold	Avere	Ter
Tensión (la)	Spannung	Tension	Tension, Pressure	Tensione, Pressione	Tensão
Terco/a	starrköpfig	Têtu	Obstinate, Hard	Testardo, Ostinato	Teimoso
Terminar	beenden	Terminer	To End, To Finish	Finire	Terminar
Tiempo (el)	Zeit	Temps	Time	Tempo	Tempo
Tímido/a	schüchtern	Timide	Shy	Timido	Tímido
Tinta (la)	Tinte	Encre	Ink, Colour	Tintura, Tinta, Tintoria	Tinta
Tipo (el)	Art	Type	Type, Sort; Norm	Tipo	Tipo
Titulación (la)	Titel	Diplôme	Certificate; Degree	Titolo	Titulação
Trabajar	arbeiten	Travailler	To Work	Lavorare	Trabalhar
Trabajo (el)	Arbeit	Travail	Work, Job	Lavoro	Trabalho
Traducción (la)	Übersetzung	Traduction	Translation	Traduzione	Tradução
Traer	bringen	Apporter	To Bring, To Carry	Portare	Trazer
Trasladarse	umziehen	Déménager	To Move	Trasferirsi	Transladar-se
Tratar	umgehen	Traiter	To Treat	Trattare, Cercare di	Tratar
Tristeza (la)	Traurigkeit	Tristesse	Sadness	Tristezza	Tristeza

U	U	U	U	U	U
Usar	gebrauchen	Utiliser	To Use	Usare	Usar
Utilizar	benutzen	Utiliser	To Use, To Utilize	Utilizzare	Utilizar

V	V	V	V	V	V
Variado/a	abwechslungreich	Varié	Varied	Vario	Variado
Velocidad (la)	Geschwindigkeit	Vitesse	Speed	Velocità	Velocidade
Venir	kommen	Venir	To Come, To Arrive	Venire	Vir
Ventana (la)	Fenster	Fenêtre	Window	Finestra	Janela
Ver	sehen	Voir	To See, To Look At	Vedere	Ver
Verdad (la)	Wahrheit	Vérité	Truth	Verità	Verdade
Vestido (el)	Kleid	Robe	Dress, Suit	Vestito	Vestido
Viajar	reisen	Voyager	To Travel	Viaggiare	Viajar
Viaje (el)	Reise	Voyage	Journey, Trip	Viaggio	Viagem
Violento/a	zornig; gehemmt	Violent	Violent	Violento	Violento
Vivir	leben	Vivre	To Live	Vivere	Viver
Volumen (el)	Umfang	Volume	Volume; Mass	Volume	Volume

TEMA 2	TEMA 2	TEMA 2	TEMA 2	TEMA 2	TEMA 2
A	A	A	A	A	A
Abonar	zahlen	Payer	To Pay For	Pagare, Abbonare	Abonar; Subscrever
Aceite (el)	Öl	Huile	Oil	Olio	Óleo; Azeite
Aceptar	akzeptieren	Accepter	To Accept	Accettare	Aceitar
Acera (la)	Bürgersteig	Trottoir	Sidewalk, Pavement	Marciapiede	Calçada
Acompañar	begleiten	Accompagner	To Accompany	Accompagnare	Acompanhar
Actividad (la)	Tätigkeit	Activité	Activity	Attività	Atividade
Activo/a	tätig	Actif	Active, Lively	Atttivo	Ativo
Activo (el)	Aktivvermögen	Actif	Assets	Attivo	Ativo
Acuerdo (el)	Abkommen	Accord	Accord, Pact	Accordo	Acordo
(De) acuerdo	einverstanden	D'accord	I Agree, Agreed	D'accordo	(De) acordo
Adivinar	wahrsagen, voraussagen	Deviner	To Guess, To Solve	Indovinare	Adivinhar
Adquirir	erwerben, gewinnen	Acquérir	To Buy, To Acquire	Acquistare	Adquirir
Aficionado/a (el, la)	Amateur, Fan; zugetan	Amateur, Fan	Fan, Supporter	Tifoso, Fan	Amador
Afiliado/a (el, la)	Anhänger	Adhérent	Affiliated To, Member	Affiliato, Iscritto	Afiliado
Alcalde/-esa (el, la)	Bürgermeister	Maire	Mayor	Sindaco	Prefeito
Alcantarilla (la)	Steg	Egoûts	Drain	Tombino, Fogna	Esgoto
Alejarse	s. entfernen	S'éloigner	To Go Away From	Allontanarsi	Afastar-se
Almacén (el)	Lager	Magasin	Warehouse, Store	Magazzino	Armazém
Ambulancia (la)	Krankenwagen	Ambulance	Ambulance	Ambulanza	Ambulância
Animados (dibujos)	Trickfilm	Animés	Cartoons	Animati (cartoni)	Animados (desenhos)
Animal (el)	Tier; tierisch	Animal	Animal	Animale	Animal
Apasionarse	s. begeistern	Se passioner	To Get Excited	Appassionarsi	Apaixonar-se
Área (el)	Raum	Aire	Area	Area	Área
Arma (el)	Waffe	Arme	Weapon, Arm	Arma	Arma
Armamento (el)	Rüstung	Armement	Armaments	Armamento	Armamento
Asamblea (la)	Versammlung	Assemblée	Assembly, Meeting	Assemblea	Assembléia
Asistir	bedienen, helfen	Assister	To Help, To Assist	Assistere	Assistir
Astucia (la)	List, Verschlagenheit	Astuce	Cleverness, Cunning	Astuzia	Astúcia
Atraer	anziehen	Attirer	To Attract	Attrarre	Atrair
Autopista (la)	Autobahn	Autoroute	Motorway	Autostrada	Rodovia

B	B	B	B	B	B
Beneficio (el)	Gewinn	Bénéfice	Profit	Utile, Guadagno	Benefício
Bilingüe	zweisprachig	Bilingue	Bilingual	Bilingue	Bilingüe
Bordillo (el)	Randstein	Rebord	Kerb	Bordo del marciapiede	Beira
Brujo/a (el, la)	Zauberer/Hexe	Sorcier	Sorcerer; Witch	Stregone	Bruxo

C	C	C	C	C	C
Calzada (la)	Fahrbahn	Chaussée	Roadway, Drive	Carreggiata	Estrada
Camionero/a (el, la)	Lastwagenfahrer	Camioneur	Lorry Driver	Camionista	Camioneiro
Campaña (la)	Wahlkampf	Campagne	Campaign	Campagna	Campanha
Campo (el)	Platz	Terrain	Field; Ground	Campo	Campo
Cantidad (la)	Menge	Quantité	Quantity, Amount	(Gran) quantità	Quantidade
Carrera (la)	Laufbahn	Les études	Course, Studies	Corso di Laurea	Corrida
Carretera (la)	Landstrasse	Route	Road, Highway	Strada	Estrada
Casarse	heiraten	Se marier	To Marry	Sposarsi	Casar
Casualidad (la)	Zufall	Hasard	Chance, Coincidence	Caso, Casualità	Casualidade
Cebra	Zebrastreifen	Zébre	Zebra	Zebra	Zebra

planet@ 3   171

@

ESPAÑOL	ALEMÁN	FRANCÉS	INGLÉS	ITALIANO	PORTUGUÉS
Centro (el)	Mitte; Zentrum	Centre	Centre, Middle	Centro	Centro
Ciencia (la)	Wissenschaft	Science	Science	Scienza	Ciência
Cliente/a (el, la)	Klient	Client	Client, Customer	Cliente	Cliente
Cobrar	kassieren	Encaisser	To Charge; To Earn	Riscuotere	Cobrar
Coche (el)	Auto	Voiture	Car	Auto, Macchina	Carro
Comercial	Handels...,Geschäfts...	Commercial	Commercial	Commerciale	Comercial
Comercio (el)	Handel	Commerce	Commerce, Business	Commercio	Comércio
Cómodo/a	gemütlich, wohl	Commode	Comfortable, Cosy	Comodo	Cômodo
Comparación (la)	Vergleich	Comparaison	Comparison	Comparazione	Comparação
Componente (el)	Bestandteil	Composant	Component	Componente	Componente
Comportarse	s. benehmen	Se comporter	To Behave	Comportarsi	Comportar-se
Condición (la)	Bedingung	Condition	Condition	Condizione	Condição
Confesar	bekennen	Confesser	To Confess, To Admit	Confessare	Confessar
Conocer	kennen	Connaître	To Know	Conoscere	Conhecer
Consejo (el)	Rat	Conseil	A Piece of Advice	Consiglio	Conselho
Construcción (la)	Bau	Construction	Construction, Building	Costruzione	Construção
Construir	bauen	Construire	To Construct, To Build	Costruire	Construir
Consultar	(be)fragen	Consulter	To Consult, To Discuss	Consultare	Consultar
Contaminación (la)	Verseuchung	Pollution	Pollution	Inquinamento	Contaminação
Contratación (la)	Vertragrabschluss	Engagement, Embauche	Signing-up	Contrattazione	Contratação
Convencer	überzeugen, überreden	Convaincre	To Convince	Convincere	Convencer
Convicción (la)	Überzeugung	Conviction	Conviction	Convinzione	Convicção
Correcto/a	richtig	Correct	Right	Corretto	Correto
Cuestión (la)	Frage	Question	Question	Questione	Questão

D

ESPAÑOL	ALEMÁN	FRANCÉS	INGLÉS	ITALIANO	PORTUGUÉS
Defensa (la)	Verteidigung	Défense	Defence	Difesa	Defesa
Demostrar	zeigen	Démontrer	To Demonstrate	Dimostrare	Demonstrar
Deporte (el)	Sport	Sport	Sport	Sport	Esporte
Derecho (el)	Recht	Droit	Right	Diritto	Direito
Desacuerdo (el)	Dissenz	Désaccord	Disagreement, Discord	Disaccordo, Dissenso	Desacordo
Desarrollar	entwickeln	Développer	To Develop	Sviluppare	Desenvolver
Desarrollo (el)	Entwicklung	Développement	Development	Sviluppo	Desenvolvimento
Desordenar	verwirren	Désordonner	To Mess Up	Disordinare	Desordenar
Destino (el)	Schicksal	Destin	Destiny, Fate	Destino	Destino
Destrucción (la)	Zerstörung	Destruction	Destruction	Distruzione	Destruição
Destruir	zerstören	Détruire	To Destroy	Distruggere	Destruir
Dibujo (el)	Zeichnung	Dessin	Drawing, Design	Disegno	Desenho
Dieta (la)	Diät	Régime	Diet	Dieta	Dieta
Diferencia (la)	Unterschied	Différence	Difference	Differenza	Diferença
Directivo/a (el, la)	Vorstandmitglied	Directeur, Directif	Manager, Executiv	Dirigente	Dirigente
Distinguir	unterscheiden	Distinguer	To Distinguish	Distinguere	Distinguir
Distribución (la)	Verteilung	Distribution	Distribution, Delivery	Distribuzione	Distribuição
Divertirse	s. amüsieren	Se divertir	To Have A Good Time	Divertirsi	Divertir-se

E

ESPAÑOL	ALEMÁN	FRANCÉS	INGLÉS	ITALIANO	PORTUGUÉS
Economía (la)	Wirtschaft	Economie	Economy	Economia	Economia
Editorial (la)	Verlag	Maison d'édition	Publishing House	Casa editrice	Editora
Educación (la)	Erziehung	Education	Education	Educazione	Educação
Electoral	Wahl...	Electoral	Electoral	Elettorale	Eleitoral
Emanciparse	s. emanzipieren	S'émanciper	To Become Emancipated	Emanciparsi	Emancipar-se
Empeñarse	darauf bestehen	S'obtiner	To Insist On Something	Impegnarsi	Empenhar-se
Empleado/a (el, la)	Angestellte	Employé	Employee, Clerk	Impiegato	Empregado
Encender	anzünden	Allumer	To Light, To Switch On	Accendere	Acender
Enflaquecer	abmagern	Amaigrir	To Make Thin	Dimagrire, Indebolirsi	Enfraquecer
Enfocar	untersuchen	Envisager	To Approach	Impostare	Enfocar
Enriquecer(se)	reich machen	(S')enrichir	To Get Rich	Arricchirersi	Enriquecer
Equilibrado/a	ausgeglichen	Equilibré	Balanced	Equilibrato	Equilibrado
Especialista (el, la)	Experte	Spécialiste	Specialist	Specialista	Especialista
Espectáculo (el)	Schauspiel	Spectacle	Show, Performance	Spettacolo	Espetáculo
Estable	stabil	Stable	Steady, Firm	Stabile	Estável
Estricto/a	streng	Strict	Strict, Severe	Rigoroso	Estrito
Estupendo/a	fabelhaft	Merveilleux	Wonderful	Stupendo	Estupendo
Evidente	offensichtlich	Evident	Obvious, Evident	Evidente	Evidente
Explicación (la)	Erklärung	Explication	Explanation, Reason	Spiegazione	Explicação
Explicar	erklären	Expliquer	To Explain	Spiegare	Explicar
Extensión (la)	Ausdehnung, Fläche	Extension	Extent, Size	Estensione	Extensão
Extenso/a	weit	Etendu	Extensive, Vast; Big	Esteso, Ampio	Extenso

F

ESPAÑOL	ALEMÁN	FRANCÉS	INGLÉS	ITALIANO	PORTUGUÉS
Farola (la)	Laterne	Lampadaire	Lamppost, Street Lamp	Lampione	Iluminação
Fatal	furchtbar	Fatal	Fatal, Awfully	Fatale	Fatal
Financiero/a	finanziell	Financier	Financial	Finanziario	Financeiro
Formar	bilden	Former	To Form, To Shape	Formare	Formar
Fortuna (la)	Vermögen; Glück	Fortune	Fortune, Wealth	Fortuna	Fortuna
Fuerza (la)	Kraft	Force	Strenght, Power	Forza	Força
Fundamental	wesentlich	Fondamental	Fundamental, Essential	Fondamentale	Fundamental
Futuro (el)	Zukunft	Futur	Future	Futuro	Futuro

G

ESPAÑOL	ALEMÁN	FRANCÉS	INGLÉS	ITALIANO	PORTUGUÉS
Ganar	gewinnen	Gagner	To Earn, To Win	Guadagnare	Ganhar
Gasto (el)	Kosten	Frais	Costs, Expense	Spesa	Gasto
General	generell	Général	General	Generale	Geral
Gestión (la)	Erledigungen	Gestion	Management, Measure	Gestione	Gestão
Gobierno (el)	Regierung	Gouvernement	Government	Governo	Governo
Grasa (la)	Fett	Graisse	Fat, Grease	Grasso	Graxa

H

ESPAÑOL	ALEMÁN	FRANCÉS	INGLÉS	ITALIANO	PORTUGUÉS
Habitante (el, la)	Einwohner	Habitante	Inhabitant	Abitante	Habitante
Hallazgo (el)	Entdeckung	Trouvaille	Finding, Find, Reward	Scoperta	Descobrimento
Hecho (el)	Tat, Handlung	Fait	Fact, Matter	Fatto	Fato
Horrible	schrecklich	Horrible	Horrible	Orribile	Horrível
Huelga (la)	Streik	Grève	Strike	Sciopero	Greve

I

ESPAÑOL	ALEMÁN	FRANCÉS	INGLÉS	ITALIANO	PORTUGUÉS
Imaginar	erdichten, erfinden	Imaginer	To Imagine, To Invent	Immaginare	Imaginar
Impresión (la)	Eindruck	Impression	Impression; Printing	Impressione	Impressão
Ingreso (el)	Einnahme	Rentrée	Entry Into; Admission	Ingresso, Versamento	Ingresso

ESPAÑOL	ALEMÁN	FRANCÉS	INGLÉS	ITALIANO	PORTUGUÉS
Innovador/-a	Neuerer	Innovateur	Innovative	Innovatore	Inovador
Interpretar	deuten	Interpréter	To Interpret	Interpretare	Interpretar
Invención (la)	Erfindung	Invention	Invencion; Discovery	Invenzione	Invenção
Inversión (la)	Investition	Investissement	Inversion; Investment	Inversione	Investimento
Inversor/-a (el, la)	Investor	Investisseur	Investor	Investitore	Investidor
Investigación (la)	Forschung	Recherche	Investigation; Research	Ricerca	Investigação

J	**J**	**J**	**J**	**J**	**J**
Joven	jung	Jeune	Young	Giovane	Jovem
Juego (el)	Spiel	Jeu	Play, Game	Gioco	Jogo
Jugador/-a (el, la)	Spieler	Joueur	Player	Giocatore	Jogador
Juguete (el)	Spielzeug	Jouet	Toy	Giocattolo	Brinquedo

L	**L**	**L**	**L**	**L**	**L**
Labor (la)	Werk	Travail	Labour, Work, Job	Lavoro, Dovere	Labor
Lanzamiento (el)	Vermarktung	Lancement	Promotion	Lancio	Lançamento
Librería (la)	Buchhandlung	Librairie	Bookshop	Libreria	Livraria
Limitar	begrenzen	Limiter	To Limit, To Reduce	Limitare	Limitar
Llano/a	flach	Plat	Level, Flat	Piano	Plano
Lujo (el)	Pracht	Luxe	Luxury	Lusso	Luxo

M	**M**	**M**	**M**	**M**	**M**
Mano (la)	Hand	Main	Hand	Mano	Mão
Matar	umbringen	Tuer	To Kill	Uccidere	Matar
Mente (la)	Geist	Esprit	Mind	Mente	Mente
Mentira (la)	Lüge	Mensonge	Lie	Bugia	Mentira
Mercancía (la)	Ware	Marchandise	Goods	Merce	Mercadoria
Meseta (la)	Hochebene	Plateau	Tableland, Plateau	Altopiano	Pequeno Planalto
Metro (el)	U-Bahn	Métro	Subway, Underground	Metropolitana	Metrô; Metro
Millón (el)	Million	Million	Million	Milione	Milhão
Moderador/-a (el, la)	Moderator; Vermittler	Modérateur	Presenter, Moderator	Moderatore	Moderador
Modo (el)	Art	Façon	Way, Manner	Modo	Modo
Monstruo (el)	Ungeheuer	Monstre	Monster	Mostro, Portento	Monstro
Mundo (el)	Welt	Monde	World	Mondo	Mundo

N	**N**	**N**	**N**	**N**	**N**
Natural	natürlich	Naturel	Natural	Naturale	Natural
Naturaleza (la)	Natur	Nature	Nature	Natura	Natureza
Negocio (el)	Geschäft	Affaires	Business, Deal	Affare	Negócio
Niño/a (el, la)	Kind	Enfant	Child	Bambino	Menino
Nivel (el)	Stufe	Niveau	Level	Livello	Nível

O	**O**	**O**	**O**	**O**	**O**
Objetivo (el)	Ziel	Objectif	Object, Aim	Obiettivo	Objetivo
Obvio/a	einleuchtend, klar	Evident	Obvious	Ovvio	Óbvio
Ocio (el)	Freizeit	Loisir	Leisure, Free Time	Tempo libero	Ócio
Opinión (la)	Meinung	Opinion	Opinion, View	Opinione	Opinião

P	**P**	**P**	**P**	**P**	**P**
Padre (el)	Vater	Père	Father	Padre	Pai
Pariente (el, la)	Verwandte	Parent	Relative	Parente	Parente
Paro (el)	Arbeitslosigkeit	Chômage	Unemployment	Disoccupazione	Desemprego
Partido (el)	Partei	Parti	Party	Partito	Partido
Pasivo (el)	Passiva	Passif	Liabilities, Debts	Passivo	Passivo
Paso (el)	Schritt	Pas	Passage, Step	Passo, Passaggio	Passo
Paz (la)	Friede	Pix	Peace	Pace	Paz
Peatón/-a (el, la)	Fussgänger	Piéton	Pedestrian	Pedone	Pedestre
Película (la)	Film	Film	Film	Film	Filme
Peligroso/a	gefährlich	Dangereux	Dangerous	Pericoloso	Perigoso
Pendiente	unerledigt	En attente	Hanging, Unsettled	Pendente, In sospeso	Pendente
Pensamiento (el)	Gedanke	Pensée	Thought	Pensiero	Pensamento
Pequeño/a	klein	Petit	Little, Small	Piccolo	Pequeno
Pérdida (la)	Verlust	Perte	Loss, Waste	Perdita	Perda
Permanente	ständig	Permanent	Permanent	Permanente	Permanente
Perro/a (el, la)	Hund	Chien	Dog	Cane, Cagna	Cachorro
Pesadilla (la)	Alptraum	Cauchemar	Nightmare	Incubo	Pesadelo
Piscina (la)	Schwimmbad	Piscine	Swimming Pool	Piscina	Piscina
Piso (el)	Stock, Wohnung	Etage; Appartement	Flat, Apartment	Appartamento	Apartamento
Pista (la)	Spur	Piste	Track; Clue	Pista	Pista
Poso (el)	Bodensatz	Marc	Leaves Sediment	Fondi	Sedimento
Precio (el)	Preis	Prix	Price	Prezzo	Preço
Preferir	bevorzugen	Préférer	To Prefer	Preferire	Preferir
Preservar	bewahren	Préserver	To Preserve	Preservare	Preservar
Presidencia (la)	Präsidentschaft, Vorsitz	Présidence	Presidency	Presidenza	Presidência
Previsión (la)	Voraussicht	Prévision	Foresight, Forecast	Previsione	Previsão
Progreso (el)	Fortschritt	Progrès	Progress, Advance	Progresso	Progresso
Publicidad (la)	Werbung	Publicité	Publicity, Advertising	Pubblicità	Publicidade
Pueblo (el)	Dorf	Population	Village	Paese, Paesino	Povo; Cidadezinha
Puente (el)	Brücke	Pont	Bridge	Ponte	Ponte
Puesto (el)	Stelle	Poste	Job, Position	Posto	Posto

Q	**Q**	**Q**	**Q**	**Q**	**Q**
Quejarse	jammern, beklagen	Se plaindre	To Complain About	Lamentarsi	Queixar-se

R	**R**	**R**	**R**	**R**	**R**
Realización (la)	Verwirklichung	Réalisation	Realization, Production	Realizzazione	Realização
Red (la)	Netz	Réseau	Net, System	Rete	Rede
Reducir	kürzen, vermindern	Réduire	To Reduce	Ridurre	Reduzir
Refrescar	erfrischen, abkühlen	Rafraîchir	To Refresh, To Cool	Rinfrescare	Refrescar
Rendimiento (el)	(Kapital-)ertrag	Rendement	Profit(s), Return	Rendimento	Rendimento
Rentabilizar	Ertrag bringen	Rentabiliser	To Make Profitable	Rentabilizzare	Rentabilizar
Responsable	Verantwortliche	Responsable	Responsible	Responsabile	Responsável
Ruido (el)	Lärm	Bruit	Noise	Rumore	Ruído

S	**S**	**S**	**S**	**S**	**S**
Sanar	heilen	Guérir	To Cure	Sanare, Guarire	Sarar
Semáforo (el)	Verkehrsampel	Feux	Traffic Light	Semaforo	Semáforo
Señal (la)	Kennzeichen	Panneau (de signalisation)	Traffic Sign	Segnale, Cartello	Sinal

@

ESPAÑOL	ALEMÁN	FRANCÉS	INGLÉS	ITALIANO	PORTUGUÉS
Servicio (el)	Dienst	Service	Service	Servizio	Serviço; Banheiro
Sida (el)	Aids	Sida	Aids	Aids	Aids
Siglo (el)	Jahrhundert	Siècle	Century	Secolo	Século
Sindicato (el)	Gewerkschaft	Syndicat	Syndicate	Sindacato	Sindicato
Sinrazón (la)	Unsinn	Séraison	Wrong, Injustice	Torto	Injustiça
Solidario/a	solidarisch	Solidaire	Jointly Shared	Solidale	Solidário
Sorprendente	überraschend	Surprenant	Surprising, Amazing	Sorprendente	Surpreendente
Sorprenderse	überraschen	Se surprendre	To Be Surprised	Sorprendersi	Surpreender-se
Subida (la)	Erhöhung	Montée	Increase, Rise	Salita, Rialzo	Subida
Suicidarse	Selbstmord begehen	Se suicider	To Commit Suicide	Suicidarsi	Suicidar-se
Superstición (la)	Aberglauben	Superstition	Superstition	Superstizione	Superstição
Supervisar	überwachen	Superviser	To Supervise	Controllare, Dare il visto	Supervisionar
T	**T**	**T**	**T**	**T**	**T**
Té (el)	Tee	Thé	Tea	Thè	Chá
Televisión (la)	Fernsehen	Télévision	Television	Televisione	Televisão
Terreno (el)	Boden	Terrain	Land, Ground	Terreno	Terreno
Terrible	furchtbar	Terrible	Terrible	Terribile	Terrível
Tesorería (la)	Schatzamt	Charge du trésorier	Treasurership	Tesoreria	Tesouraria
Tontería (la)	Dummheit	Bêtise	Stupidity, Silly Thing	Sciocchezza	Idiotice
Traducir	übersetzen	Traduire	To Translate	Tradurre	Traduzir
Tráfico (el)	Verkehr	Circulation	Traffic; Trade	Traffico	Tráfico
Transformar	verwandeln	Transformer	To Transform	Trasformare	Transformar
Transportista (el)	Transportunternehmer	Transporteur	Carrier	Trasportatore	Transportista
Tren (el)	Zug	Train	Train	Treno	Trem
V	**V**	**V**	**V**	**V**	**V**
Vacuna (la)	Impfstoff	Vaccin	Vaccine	Vaccino	Vacina
Valoración (la)	Bewertung	Evaluation	Valuation	Valutazione	Valoração
Valorar	bewerten	Evaluer	To Value, To Tass	Valutare, Stimare	Valorar
Vaso (el)	Glas	Verre	Glass	Bicchiere	Vaso; Copo
Vendedor/-a (el, la)	Verkäufer	Vendeur	Seller, Salesman	Venditore	Vendedor
Viabilidad (la)	Durchführbarkeit	Viabilité	Viability	Vitalità, Possibilità	Viabilidade
Vida (la)	Leben	Vie	Life, Way of Life	Vita	Vida
Vidente (el, la)	Seher	Voyant	Seer	Veggente, Indovino	Vidente
Vino	Wein	Vin	Wine	Vino	Vinho
Violar	übertreten	Enfreindre	To Break, To Violate	Violare	Violar
Violencia (la)	Gewalt	Violence	Violence	Violenza	Violência
TEMA 3	**TEMA 3**	**TEMA 3**	**TEMA 3**	**TEMA 3**	**TEMA 3**
A	**A**	**A**	**A**	**A**	**A**
Aconsejar	Rat geben	Conseiller	To Advise	Consigliare	Aconselhar
Actitud (la)	Einstellung	Attitude	Attitude, Position	Atteggiamento	Atitude
Afrontar	s. auseinandersetzen	Affronter	To Face	Affrontare	Enfrentar
Agobiarse	s. krümmen	Être surchargé	To Feel Oneself	Angosciarsi, Stressarsi	Angustiar-se
Ahorrar	sparen	Economiser	To Save	Risparmiare	Economizar
Alquiler (el)	Miete	Loyer	Rent, Renting	Affitto	Aluguel
Amistad (la)	Freundschaft	Amitié	Friendship	Amicizia	Amizade
Ancestro (el)	Vorfahre	Ancêtre	Ancestor	Antenato	Antepassado
Aptitud (la)	Eignung	Aptitude	Aptitude, Suitability	Attitudine, Idoneità	Aptidão
Arreglar	regeln; reparieren	Règler; Arranger	To Arrange, To Fix	Aggiustare	Arrumar
Arriesgado/a	gefährlich	Risqué	Risky, Dangerous	Rischioso	Arriscado
Aula (el)	Klassenzimmer	Classe	Classroom	Aula	Aula
Autónomo/a	Freiberufler	Autonome	Autonomous	Autonomo	Autônomo
B	**B**	**B**	**B**	**B**	**B**
Bachillerato (el)	Abitur	Baccalauréat	Examination	Diploma di Maturità	Bacharelado
Barato/a	billig	Bon marché	Cheap, Economical	Economico	Barato
Beber	trinken	Boire	To Drink	Bere	Beber
Bienes (los)	Güter	Biens	Possesions	Beni, Ricchezze	Bens
Bombón (el)	Praline	Chocolat	Chocolate	Cioccolatino	Bombom
Bosque (el)	Wald	Bois	Wood, Forest	Bosco	Bosque
Brillante	glänzend	Brillant	Brilliant, Bright	Brillante	Brilhante
C	**C**	**C**	**C**	**C**	**C**
Caer	fallen	Tomber	To Fall	Cadere	Cair
Cerro (el)	Hügel	Colline	Hill	Monte, Colle	Cerro
Cocinar	kochen	Cuisiner	To Cook	Cucinare	Cozinhar
Cometer	begehen	Commettre	To Commit	Commettere	Cometer
Comida (la)	Speise	Nourriture	Food; Lunch, Dinner	Cibo	Comida
Compañía (la)	Gesellschaft	Compagnie	Company	Compagnia	Companhia
Completar	ergänzen	Compléter	To Complete, To Finish	Completare	Completar
Comprometido/a	engagiert	Engagé	Committed	Compromesso	Comprometido
Conducir	fahren	Conduire	To Drive, To Lead	Guidare, Condurre	Concentrar-se
Consumo (el)	Konsum	Consommation	Consumption	Consumo	Consumo
Contratante (el, la)	Vertragschliessender	Contractant	Contractor	Contrattante	Contratante
Correo (el)	Post	Poste	Mail, Post	Posta	Correio
Correr	laufen	Courir	To Run	Correre	Correr
Costa (la)	Küste	Côte	Coast	Costa	Costa
Coste (el)	Preis	Coût	Cost, Price, Expence	Costo	Custo
Costoso/a	teuer	Coûteux	Expensive	Caro, Costoso	Custoso
Creencia (la)	Glauben	Croyance	Belief	Credenza, Fede	Crença
D	**D**	**D**	**D**	**D**	**D**
Decisión (la)	Entscheidung	Décision	Decision, Judgement	Decisione	Decisão
Descuento (el)	Rabatt	Remise	Discount, Rebate	Sconto	Desconto
Despacho (el)	Büro	Bureau	Office, Study	Ufficio, Studio	Escritório; Gabinete
Disponibilidad (la)	Verfügbarkeit	Disponibilité	Availability	Disponibilità	Disponibilidade
Divinidad (la)	Göttlichkeit	Divinité	Divinity	Divinità	Divindade
Duración (la)	Dauer	Durée	Duration, Period	Durata	Duração
E	**E**	**E**	**E**	**E**	**E**
Edad (la)	Alter	Age	Age	Età	Idade
Ejercicio (el)	Übung, Bewegung	Exercice	Exercise	Esercizio	Exercício
Elegir	wählen	Choisir	To Choose, To Select	Scegliere	Escolher
Empleo (el)	Stelle	Emploi	Employment	Impiego, Lavoro	Emprego
Empresa (la)	Firma	Entreprise	Company	Impresa, Azienda	Empresa
Empresario/a (el, la)	Unternehmer	Chef d'entreprise	Businessman; Manager	Imprenditore	Empresário

174 planet@ 3

ESPAÑOL	ALEMÁN	FRANCÉS	INGLÉS	ITALIANO	PORTUGUÉS
Enfadarse	s. ärgern	Se fâcher	To Get Angry	Arrabbiarsi	Zangar-se
Equipamiento (el)	Ausrüstung	Equipement	Equipment	Equipaggiamento	Equipamento
Error (el)	Fehler	Erreur	Error, Mistake	Errore	Erro
Espacio (el)	Raum	Espace	Space, Room	Spazio	Espaço
Especial	besonders	Spécial	Special	Speciale	Especial
Estantería (la)	Regal	Etagère	Shelves	Scaffale	Prateleira

F

Fé (la)	Glaube	Foi	Faith, Fidelity	Fede	Fé
Fijo/a	fest	Fixe	Fixed, Steady	Fisso	Fixo
Flor (la)	Blume	Fleur	Flower	Fiore	Flor
Fomentar	begünstigen	Encourager	To Foment, To Promote	Fomentare	Fomentar

H

Harto/a	satt; uberdrüssig	En avoir assez	To Be Tired; Full	Stufo, Stanco; Sazio	Farto

I

Indemnización (la)	Schadenersatz	Indémnisation	Indemnity	Risarcimento	Indenização
Injusticia (la)	Ungerechtigkeit	Injustice	Injustice	Ingiustizia	Injustiça
Integrar	integrieren	Intégrer	To Make Up	Integrare	Integrar
Intercambio (el)	Austausch	Echange	Interchange, Exchange	Intercambio	Intercâmbio
Intermedio (el)	Zwischenzeit	Moyen	Interval	Intervallo	Intermédio
Invertir	investieren	Investir	To Invert, To Invest	Invertire, Investire	Investir; Inverter

J

Jornada (la)	Arbeitstag	Journée	Working Day	Giornata	Jornada
Junta (la)	Versammlung	Assemblée	Committee; Board	Giunta	Junta, Reunião
Justificar	rechtfertigen	Justifier	To Justify	Giustificare	Justificar

L

Laboratorio (el)	Labor	Laboratoire	Laboratory	Labotatorio	Laboratório
Lago (el)	See	Lac	Lake	Lago	Lago
Lámpara (la)	Lampe	Lampe	Lamp	Lampada	Lustre
Lengua (la)	Sprache	Langue	Language	Lingua	Língua
Libre	frei	Libre	Free	Libero	Livre
Limitar	begrenzen	Limiter	To Limit; To Reduce	Limitare	Limitar
Llanura (la)	Tiefebene	Plaine	Plain	Pianura	Planície
Luz (la)	Licht	Lumière	Light	Luce	Luz

M

Mayor (el, la)	Grösse	Plus grand	Adult	Adulto	Maior, idoso
Mensajero/a (el, la)	Bote	Messager	Messenger	Messaggero	Mensageiro
Mesa (la)	Tisch	Table	Table	Tavolo	Mesa
Mitad (la)	Hälfte	Moitié	Middle, Half	Metà	Metade
Mobiliario (el)	Möbel	Mobilier	Furniture	Mobilia	Mobiliário
Modalidad (la)	Modalität	Modalité	Way, Form	Modalità	Modalidade
Montaña (la)	Berg	Montagne	Mountain	Montagna	Montanha
Motivo (el)	Grund	Raison	Reason, Cause	Motivo	Motivo

O

Olor (el)	Geruch	Odeur	Smell, Scent	Odore	Odor

P

Parcial	teilweise	Partial	Partial	Parziale	Parcial
Perjudicar	beschädigen	Porter préjudice à	To Damage	Danneggiare, Nuocere	Prejudicar
Personal	personal	Personnel	Personal	Personale	Pessoal
Personificación (la)	Personifizierung	Personnification	Personification	Personificazione	Personificação
Petición (la)	Bitte	Demande	Request, Petition	Richiesta, Petizione	Petição
Pintar	malen	Peindre	To Paint	Dipingere	Pintar
Playa (la)	Strand	Plage	Beach, Shore	Spiaggia	Praia
Profesión (la)	Beruf	Profession	Profession, Career	Professione	Profissão

R

Recomendar	empfehlen	Recommander	To Recommend	Raccomandare	Recomendar
Regalo (el)	Geschenk	Cadeau	Gift, Present	Regalo	Presente
Regular	regeln	Réguler	Regular	Regolare	Regular
Reír	lachen	Rire	To Laugh At	Ridere	Rir
Relajarse	s. entspannen	Se détendre	To Relax	Rilassarsi	Relaxar-se
Responsabilidad (la)	Verantwortung	Responsabilité	Responsibility	Responsabilità	Responsabilidade
Riesgo (el)	Risiko	Risque	Risk	Rischio	Risco
Río (el)	Fluss	Fleuve	River	Fiume	Rio
Rutinario/a	routiniert	Routinier	Ordinary	Abitudinario	Rotineiro

S

Sacar	herausziehen	Tirer, Sortir, Prendre	To Take Out	Togliere, Tirar fuori	Tirar
Separación (la)	Trennung	Séparation	Separation; Removal	Separazione	Separação
Separar	trennen	Séparer	To Separate	Separare	Separar
Solar	Sonnen...	Solaire	Solar	Solare	Solar
Suerte (la)	Glück	Chance	Luck; Destiny	Fortuna	Sorte
Supremo/a	höchste	Suprème	Supreme	Supremo	Supremo

T

Tomar	nehmen	Prendre	To Take, To Get	Prendere, Bere	Tomar
Tonto/a	dumm	Bête	Stupid, Silly	Stupido, Tonto	Tolo
Triunfador/-a	siegreich	Triomphateur	Triumphant, Winning	Trionfatore	Triunfador

V

Vacaciones (las)	Urlaub	Vacances	Holiday(s)	Vacanze	Férias
Valer	kosten	Valoir	To Be Valid	Valere, Contare	Valer
Valle (el)	Flussebene	Vallée	Valley	Valle	Vale
Ventaja (la)	Vorteil	Avantage	Advantage	Vantaggio	Vantagem
Vestirse	s. anziehen	S'habiller	To Get Dressed	Vestirsi	Vestir
Viejo/a	alt	Vieux	Old	Vecchio	Velho
Visitar	besuchen	Visiter	To Visit	Visitare	Visitar
Vitamina (la)	Vitamin	Vitamine	Vitamin	Vitamina	Vitamina

@

ESPAÑOL	ALEMÁN	FRANCÉS	INGLÉS	ITALIANO	PORTUGUÉS
TEMA 4	**TEMA 4**	**TEMA 4**	**TEMA 4**	**TEMA 4**	**TEMA 4**
A	**A**	**A**	**A**	**A**	**A**
Abajo	unten	En bas	Down	Giù, Sotto	Abaixo
Abuelo/a (el, la)	Grossvater/Mutter	Grand-père	Grandfather/-mother	Nonno	Avô
Aburrido/a	langweilig	Ennuyeux	Boring; Bored	Noioso, Annoiato	Aborrecido
Acción (la)	Aktion	Action	Action	Azione	Ação
Acontecimiento (el)	Ereignis	Evènement	Event, Happening	Avvenimento	Acontecimento
Actuar	wirken	Agir	To Act, To Performe	Attuare, Agire	Atuar
Adornar	schmücken	Décorer	To Adorn, To Decorate	Adornare	Adornar
Afeitarse	s. rasieren	Se raser	To Shave	Radersi	Barbear-se
Agencia (la)	Büro	Agence	Agency	Agenzia	Agência
Agua (el)	Wasser	Eau	Water	Acqua	Água
Alcanzar	erreichen	Atteindre	To Reach; To Catch	Raggiungere; Riuscire	Alcançar
Altura (la)	Höhe	Hauteur	Height, Altitude	Altezza	Altura
Anciano/a	Alte	Veillard	Old, Aged	Anziano	Idoso
Anunciar	ankündigen	Annoncer	To Announce	Annunciare	Anunciar
Arrastrar	mitreissen	Traîner	To Drag, To Lead	Trascinare	Arrastar
Avisar	ankündigen	Prévenir	To Warn, To Inform	Avvisare	Avisar
Azar (el)	Zufall	Hasard	Chance, Fate	Caso, Azzardo	Azar
B	**B**	**B**	**B**	**B**	**B**
Bailar	tanzen	Danser	To Dance	Ballare	Dançar
Bebida (la)	Getränk	Boisson	Drink	Bibita	Bebida
C	**C**	**C**	**C**	**C**	**C**
Caerse	fallen	Tomber	To Fall Down	Cadere	Cair
Cama (la)	Bett	Lit	Bed	Letto	Cama
Cámara (la)	Kamera	Appareil photo	Camera	Macchina Fotografica	Câmara
Cena (la)	Abendessen	Dîner	Supper, Dinner	Cena	Janta
Ceniza (la)	Asche	Cendre	Ash	Cenere	Cinza
Cerradura (la)	Schloss	Serrure	Lock	Serratura	Fechadura
Cervecería (la)	Brauerei	Brasserie	Bar, Public House	Birreria	Cervejaria
Científico/a	wissenschaftlich	Scientifique	Scientific	Scientifico	Científico
Coger	nehmen	Prendre	To Take, To Catch	Prendere, Cogliere	Pegar
Colaboración (la)	Mitarbeit	Collaboration	Collaboration	Collaborazione	Colaboração
Colocar	stellen	Placer	To Place	Collocare	Colocar
Competencia (la)	Konkurrenz	Concurrence	Competiton	Competenza	Concorrência
Competitivo/a	Wettbewerbs	Concurrent	Competitive	Competitivo	Competitivo
Conforme	einverstanden	D'accord	Agreed	Essere d'Accordo	Conforme
Consultor/-a (el, la)	Berater	Consultant	Consultant	Consulente	Consultor
Convertir	verwandeln	Convertir	To Convert	Convertire	Converter
Convocar	einberufen	Convoquer	To Summon, To Call	Convocare	Convocar
Cubo (el)	Würfel	Bac (à glaçons)	Ice Cube	Cubetto	Cubo; Balde
Cumpleaños (el)	Geburtstag	Anniversaire	Birthday	Compleanno	Aniversário
Cumplir(se)	erfüllen	S'accomplir	To (Be) Fulfil(led)	Compiersi, Realizzare	Cumprir; Fazer
D	**D**	**D**	**D**	**D**	**D**
Decano/a (el, la)	Dekan	Doyen	Doyen, Senior Member	Decano	Decano
Declarar	erklären	Déclarer	To Declare, To Testify	Dichiarare	Declarar
Delegado/a (el, la)	Abgeordnete(r)	Délégué	Delegate; Agent	Delegato	Delegado
Descansar	ausruhen	Se reposer	To Rest	Riposare	Descansar
Descapotable	Kabriolett	Décapotable	Convertible	Decappottabile	Descapotável
Descontrolar	nicht kontrollieren	Perdre le contrôle	Lack of Control	Non Controllare	Descontrolar
Descripción (la)	Beschreibung	Description	Description	Descrizione	Descrição
Desentenderse	s. fernhalten von	Se désintéresser	To Pretend Not To Know	Disinteressarsi	Desentender-se
Deseo (el)	Wunsch	Désir	Desire, Wish	Desiderio	Desejo
Desnudarse	s. ausziehen	Se déshabiller	To (Get) Undress(ed)	Spogliarsi	Despir-se
Despertador (el)	Wecker	Réveil	Alarm Clock	Sveglia	Despertador
Despertar	wecken	Réveiller	To Wake Up	Svegliare	Acordar
Detener	anhalten	Arrêter	To Stop; To Hold Up	Detenere; Arrestare	Deter
Devolver	zurückgeben	Rendre	To Return	Restituire	Devolver
Diario/a	täglich	Journalier	Daily, Everyday	Giornaliero, Quotidiano	Diário
Dirigir	richten	Diriger	To Direct	Dirigere	Dirigir
Disculpa (la)	Entschuldigung	Excuse	Excuse, Apology	Scusa	Desculpa
Disponible	verfügbar	Disponible	Available	Disponibile	Disponível
Divertido/a	unterhaltsam	Amusant	Funny, Amusing	Divertente	Engraçado; Divertido
Ducha (la)	Dusche	Douche	Shower	Doccia	Ducha
Ducharse	s. duschen	Se doucher	To Have A Shower	Fare la Doccia	Tomar uma ducha
E	**E**	**E**	**E**	**E**	**E**
Empleado/a (el, la)	Angestellte	Employé	Employee	Impiegato	Empregado
Encargar	bestellen	Charger	To Entrust, To Charge	Incaricare, Richiedere	Encarregar
Enfrentar	gegenüberstellen	Afronter	To Face	Affrontare	Enfrentar
Enfriar	abkühlen	Refroidir	To Cool	Raffreddare	Esfriar
Entrar	eintreten	Entrer	To Enter, To Access	Entrare	Entrar
Entrevistador/-a (el, la)	Interviewer	Interviewer	Interviewer	Intervistatore	Entrevistador
Erguir	aufrichten	Dresser	To Lift, To Raise	Alzare, Ergere	Erguer
Escalera (la)	Treppe	Escalier	Stairs	Scala	Escada
Estropear	beschädigen	Abîmer	To Damage, To Spoil	Rovinare, Rompere	Estragar
Excursión (la)	Ausflug	Excursion	Excursion	Gita	Excursão
Exponer	darlegen	Exposer	To Expose; To Show	Esporre	Expor
Expresión (la)	Ausdruck	Expression	Expression	Espressione	Expressão
F	**F**	**F**	**F**	**F**	**F**
Facturar	Rechnung ausstellen über	Facturer	To Check; To Invoice	Fatturare	Faturar
Faltar	fehlen	Manquer	To Be Missing; To Fail	Mancare, Venir meno a	Faltar
Felicitar	gratulieren	Féliciter	To Congratulate	Congratulare	Felicitar
Finalidad (la)	Zweck, Absicht	Finalité	Aim, Purpose	Scopo, Finalità	Finalidade
Finalizar	beenden	Finaliser	To End, To Finish	Terminare, Finire	Finalizar
Firma (la)	Unterschrift	Signature	Signature, Signing	Firma; Azienda	Firma
Firmante	Unterzeichner	Signataire	Signatory	Firmatario	Assinante; Firmante
Folleto (el)	Broschüre	Brochure	Pamphlet	Opuscolo, Depliant	Folheto
Fuerte	stark	Fort	Strong; Vigorous	Forte	Forte
Futbolista (el, la)	Fussballspieler	Footballeur	Football Player	Calciatore	Futebolista
G	**G**	**G**	**G**	**G**	**G**
Gabinete (el)	Arbeitszimmer	Cabinet	Study, Office	Gabinetto, Laboratorio	Gabinete
Gato/a (el, la)	Kater, Katze	Chat	Cat	Gatto	Gato/a

ESPAÑOL	ALEMÁN	FRANCÉS	INGLÉS	ITALIANO	PORTUGUÉS
Gazpacho (el)	Kaltschale	Soupe froide	Andalusian Cold Soup	Gazpacho (bevanda)	Gaspacho
Gol (el)	Tor	But	Goal	Gol, Rete	Gol
Guerra (la)	Krieg	Guerre	War	Guerra	Guerra
Guía (el, la)	Führer	Guide	Guide, Leader	Guida, Cicerone	Guia

H

ESPAÑOL	ALEMÁN	FRANCÉS	INGLÉS	ITALIANO	PORTUGUÉS
Hambre (el)	Hunger	Faim	Hunger	Fame	Fome
Hermano/a (el, la)	Bruder/Schwester	Frère/Soeur	Brother/Sister	Fratello/Sorella	Irmão
Hielo (el)	Eis	Glace	Ice, Frost	Ghiaccio	Gelo

I

ESPAÑOL	ALEMÁN	FRANCÉS	INGLÉS	ITALIANO	PORTUGUÉS
Imagen (la)	Bild	Image	Image	Immagine	Imagem
Impersonal	unpersönlich	Impersonnel	Impersonal	Impersonale	Impessoal
Importe (el)	Betrag	Montant	Amount; Cost	Importo, Somma	Importe
Incierto/a	ungewiss	Incertain	Uncertain	Incerto	Incerto
Incógnita (la)	Unbekannte	Inconnue	Unknown Quantity	Incognita	Incógnita
Independizarse	s. befreien	S'émanciper	To Become Independent	Rendersi Indipendenti	Independentizar-se
Índice (el)	Hinweis	Indice	Index; Catalogue	Indice	Índice
Ingeniería (la)	Ingenieurwissenschaften	Ingénierie	Engineering	Ingegneria	Engenharia
Inscribir	buchen	Inscrire	To Inscribe; To List	Iscrivere, Registrare	Inscrito
Instrucción (la)	Anleitung	Instruction	Instruction, Education	Instruzione	Instrução
Insuficiente	nicht ausreichend	Insuffisant	Insufficient, Inadequate	Insufficiente	Insuficiente
Intención (la)	Absicht	Intention	Intention, Purpose	Intenzione	Intenção
Interrumpir	unterbrechen	Interrompre	To Interrupt, To Cut Off	Interrompere	Interromper
Involuntario/a	unfreiwillig	Involontaire	Involuntary	Involontario	Involuntariedade
Izquierdo/a	linke	gauche	Left	Sinistro	Esquerdo

J

ESPAÑOL	ALEMÁN	FRANCÉS	INGLÉS	ITALIANO	PORTUGUÉS
Jardín (el)	Garten	Jardin	Garden	Giardino	Jardim
Jarrón (el)	Blumenvase	Cruche	Vase	Vaso da Fiori	Jarrão
Jersey (el)	Pullover	Pull-over	Jersey, Pullover	Maglione, Pullover	Pulôver
Jubilación (la)	Ruhestand	Retraite	Retirement, Pension	Pensione	Aposentadoria
Jugar	spielen	Jouer	To Play	Giocare	Brincar; Jogar
Juvenil	jugendlich	Juvénile	Youthful	Giovanile	Juvenil

L

ESPAÑOL	ALEMÁN	FRANCÉS	INGLÉS	ITALIANO	PORTUGUÉS
Lenguaje (el)	Sprache	Language	Language	Linguaggio	Linguagem
Lento/a	langsam	Lent	Slow	Lento	Lento
Levantarse	aufstehen	Se lever	To Rise, To Get Up	Alzarsi	Levantar-se
Limpiar	putzen	Nettoyer	To Clean	Pulire	Limpar
Llave (la)	Schlüssel	Clé	Key	Chiave	Chave
Lucha (la)	Kampf	Lutte	Struggle, Fight	Lotta	Luta

M

ESPAÑOL	ALEMÁN	FRANCÉS	INGLÉS	ITALIANO	PORTUGUÉS
Malentendido (el)	Missverständnis	Malentendu	Misunderstanding	Malinteso	Mal-entendido
Maleta (la)	Koffer	Valise	Suitcase, Travelling Bag	Valigia	Mala
Mando (el)	Herrschaft	Commandement	Command	Comando	Mando
Meterse	s. begeben	S'engager	To Go Into	Mettersi; Litigare	Meter-se
Modo (el)	Art	Manière	Way, Manner	Modo, Maniera	Modo
Monitor/-a (el, la)	Reiseleiter	Moniteur	Monitor	Istruttore	Monitor
Muñeco/a (el, la)	Puppe	Poupon/ée	Doll, Puppet	Pupazzo, Bambola	Boneco

N

ESPAÑOL	ALEMÁN	FRANCÉS	INGLÉS	ITALIANO	PORTUGUÉS
Noche (la)	Nacht	Nuit	Night	Notte	Noite

O

ESPAÑOL	ALEMÁN	FRANCÉS	INGLÉS	ITALIANO	PORTUGUÉS
Oferta (la)	Angebot	Offre	Offer, Proposal	Offerta	Oferta
Olvido (el)	Vergessen	Oubli	Oblivion, Oversight	Dimenticanza	Esquecimento
Oscuro/a	dunkel	Sombre	Dark, Indistinct	Scuro, Buio	Escuro

P

ESPAÑOL	ALEMÁN	FRANCÉS	INGLÉS	ITALIANO	PORTUGUÉS
Pagar	zahlen	Payer	To Pay	Pagare	Pagar
Papá (el)	Papa	Papa	Dad, Daddy	Papà	Papai
Papilla (la)	Brei	Bouillie	Baby Food	Pappina	Papinha
Parte (la)	Teil	Partie	Part, Section	Parte	Parte
Pastelería (la)	Konditorei	Pâtisserie	Pastry Shop	Pasticceria	Confeitaria
Patata (la)	Kartoffel	Patate	Potato	Patata	Batata
Pediatra (el, la)	Kinderarzt	Pédiatre	Paediatrician	Pediatra	Pediatra
Peldaño (el)	Treppenstufe	Marche	Step	Scalino, Gradino	Degrau
Piano (el)	Klavier	Piano	Piano	Pianoforte	Piano
Pie (el)	Fuss	Pied	Foot	Piede	Pé
Plan (el)	Plan	Paln	Plan, Idea	Piano, Progetto	Plano
Planificar	planen	Planifier	To Plan	Pianificare, Progettare	Planejar
Plano (el)	Fläche	Surface plane	Plane	Piano	Plano
Plazo (el)	Termin	Délai	Limit, Expiry Date	Scadenza, Periodo	Prazo
Predecir	voraussagen	Prédire	To Predict, To Forecast	Predire	Predizer
Predicción (la)	Predigt	Prédiction	Prediction, Forecast	Predizione, Pronostico	Predição
Preparar	vorbereiten	Préparer	To Prepare	Preparare	Preparar
Presente (el)	Gegenwart	Présent	Present	Presente	Presente
Previsor/-a	vorausschauend	Prévoyant	Provident	Previdente	Previsor
Productivo/a	produktiv	Productif	Productive, Profitable	Produttivo	Produtivo

R

ESPAÑOL	ALEMÁN	FRANCÉS	INGLÉS	ITALIANO	PORTUGUÉS
Recipiente (el)	Gefäss, Behälter	Récipient	Recipient, Container	Recipiente	Recipiente
Reclamar	reklamieren	Réclamer	To Claim, To Demand	Reclamare	Reclamar
Recoger	abholen	Recueillir	To Pick Up, To Gather	Raccogliere	Recolher
Recorrer	durchlaufen	Parcourir	To Go Over	Percorrere	Percorrer
Regresar	zurückkehren	Revenir	To Return	Ritornare	Regressar
Relato (el)	Erzählung	Récit	Story, Report	Relazione, Racconto	Relato
Rentable	rentabel	Rentable	Profitable	Redditizio	Rentável
Rico/a	reich	Riche	Rich	Ricco	Rico
Rojo/a	rot	Rouge	Red	Rosso	Vermelho
Ropa (la)	Kleidung, Wäsche	Vêtement	Clothes, Dress	Vestito	Roupa
Roto (el)	Riss	Riss	Tear	Strappo	Rasgão

S

ESPAÑOL	ALEMÁN	FRANCÉS	INGLÉS	ITALIANO	PORTUGUÉS
Saludar	grüssen	Saluer	To Greet, To Say Hallo	Salutare	Cumprimentar
Salvar	retten	Sauver	To Save	Salvare	Salvar

@

ESPAÑOL	ALEMÁN	FRANCÉS	INGLÉS	ITALIANO	PORTUGUÉS
Sangría (la)	Rotweinbowle	"Sangría"	Sangria	Sangria	Sangría
Seguridad (la)	Sicherheit	Sécurité	Security, Safety	Sicurezza	Segurança
Serio/a	ernst	Sérieux	Serious	Serio	Sério
Sillón (el)	Sessel	Fauteuil	Armchair	Poltrona	Poltrona
Sol (el)	Sonne	Soleil	Sun	Sole	Sol
Subir	steigen	Monter	To Raise, To Go Up	Salire	Subir
Suceder	geschehen	Arriver	To Happen	Succedere	Suceder

T	**T**	**T**	**T**	**T**	**T**
Tarta (la)	Torte	Gâteau	Cake	Torta	Torta
Título (el)	Titel	Titre	Title	Titolo	Título
Tortilla (la)	Omelett	Omelette	(Spanish Potato) Omelette	Frittata con Patate	Omelete
Tranquilo/a	ruhig	Calme	Still, Calm	Tranquillo	Tranqüilo
Turismo (el)	Fremdenverkehr	Tourisme	Tourism	Turismo	Turismo

U	**U**	**U**	**U**	**U**	**U**
Urgente	dringend	Urgent	Urgent, Pressing	Urgente	Urgente

V	**V**	**V**	**V**	**V**	**V**
Vecino/a (el, la)	Nachbar	Voisin	Neighbour	Vicino	Vizinho
Vela (la)	Kerze	Bougie	Candle	Candela	Vela
Voluntad (la)	Wille	Volonté	Will	Volontà	Vontade
Voluntario/a (el, la)	Freiwilliger	Bénévole	Volunteer	Volontario	Voluntariado

Z	**Z**	**Z**	**Z**	**Z**	**Z**
Zapato (el)	Schuh	Chaussure	Shoe	Scarpa	Sapato

TEMA 5	**TEMA 5**	**TEMA 5**	**TEMA 5**	**TEMA 5**	**TEMA 5**
A	**A**	**A**	**A**	**A**	**A**
Abolir	abschaffen	Abolir	To Abolish	Abolire	Abolir
Abrazar	umarmen	Embraser	To Embrace	Abbracciare	Abraçar
Acceder	beitreten	Accéder	To Enter, To Access	Accedere	Aceder
Acercarse	nähern	S'approcher	To Come Near	Avvicinarsi	Aproximar-se
Advertir	bemerken; warnen	Constater	To Notice, To Advise	Avvertire	Advertir
Amargura (la)	Bitterkeit	Amertume	Bitterness	Amarezza	Amargura
Andar	gehen	Marcher	To Walk, To Go	Camminare	Andar
Anochecer	dämmern	Tomber la nuit	To Get Dark	Farsi Notte	Anoitecer
Árbol (el)	Baum	Arbre	Tree	Albero	Árvore
Aspecto (el)	Aussehen	Aspect	Look, Appearance	Aspetto	Aspecto
Asunto (el)	Angelegenheit	Sujet	Subject, Matter	Argomento; Affare	Assunto
Aumentar	vergrössern	Augmenter	To Increase, To Raise	Aumentare	Aumentar

B	**B**	**B**	**B**	**B**	**B**
Batalla (la)	Schlacht	Bataille	Battle	Battaglia	Batalha
Beneficiar	wohltun; nutzen	Bénéficier	To Benefit	Beneficiare	Beneficiar
Boca (la)	Mund	Bouche	Mouth	Bocca	Boca
Botella (la)	Flasche	Bouteille	Bottle	Bottiglia	Garrafa

C	**C**	**C**	**C**	**C**	**C**
Cajero (el)	Geldautomat	Distributeur automatique	Teller, Autoteller	Bancomat	Caixa automática
Camino (el)	Weg	Chemin	Path, Road	Cammino, Sentiero	Caminho
Camisón (el)	Nachthemd	Chemise de nuit	Nightdress	Camicia da Notte	Camisão
Caperuza (la)	Kappe	Chaperon	Hood; Cap	Cappuccio	Carapuça
Cazador/-a (el, la)	Jäger	Chasseur	Hunter	Cacciatore	Caçador
Celebrar	feiern	Fêter	To Celebrate	Festeggiare	Celebrar
Cenar	zu Abend essen	Dîner	To Have Dinner	Cenare	Jantar
Central (la)	-werk	Centrale	Head Office, Plant	Centrale	Central
Cerrar	schliessen	Fermer	To Close, To Shut	Chiudere	Fechar
Cesta (la)	Korb	Panier	Basket	Cesta	Cesta
Chocar	anstossen	Choquer	To Shock, To Crash	Sbattere, Sorprendere	Chocar
Civil	bürgerlich	Civile	Civil	Civile	Civil
Cocina (la)	Küche	Cuisine	Kitchen	Cucina	Cozinha
Cofia (la)	Haufe	Coiffe	Cap	Cuffia	Touca para cabelo
Competitividad (la)	Konkurrenz	Compétitivité	Competitiveness	Competitivitá	Competitividade
Compromiso (el)	Verpflichtung	Engagement	Obligation	Compromesso	Compromisso
Conspirar	verschwören	Conspirer	To Conspire, To Plot	Cospirare	Conspirar
Constitución (la)	Verfassung	Constitution	Constitution	Costituzione	Constituição
Consulta (la)	Praxis	Cabinet (medical)	Surgery	Visita medica	Consulta
Contemplar	anschauen	Contempler	To Look At	Contemplare	Contemplar
Contentar	befriedigen	Contenter	To Satisfy	Accontentare	Contentar
Contestador (el)	Anrufbeantworter	Répondeur	Answering Machine	Segreteria Telefonica	Secretária eletrônica
Controlar	überwachen	Contrôler	To Control, To Audit	Controllare	Controlar
Correspondencia (la)	Post	Correspondance	Correspondence; Post	Corrispondenza	Correspondência
Corresponder	entsprechen	Correspondre	To Correspond	Corrispondere	Corresponder
Crédito (el)	Darlehen	Crédit	Credit	Credito	Crédito
Criollo/a	kreolisch	Créole	Creole	Creolo	Crioulo
Cuenta (la)	Rechnung	Addition	Bill, Account	Conto, Calcolo	Conta
Cuidado (el)	Vorsicht	Soin	Care, Worry	Attenzione	Cuidado

D	**D**	**D**	**D**	**D**	**D**
Depositario/a	Verwahrer	Dépositaire	Depository	Depositario	Depositário
Desigualdad (la)	Verschiedenheit	Inégalité	Inequality	Disuguaglianza	Desigualdade
Despedirse	s. verabschieden	Faire ses adieux	To Say Goodbye	Salutarsi, Dirsi Addio	Despedir-se
Destituir	entheben, entlassen	Destituer	To Dismiss	Destituire	Destituir
Discreto/a	verschwiegen	Discret	Discreet	Discreto	Discreto
Disquete (el)	Diskette	Disquette	Floppy Disk	Dischetto	Disquete
Distribuir	verteilen	Distribuer	To Distribute	Distribuire	Distribuir

E	**E**	**E**	**E**	**E**	**E**
Educar	erziehen	Eduquer	To Educate	Educare	Educar
Ejercicio	Rechnungsjahr	Exercice	Fiscal Year	Esercizio	Exercício
Emancipador/-a	Befreier	Emancipateur	Emancipator	Emancipatore	Emancipador
Encantado/a	angenehm	Enchanté	Delighted; Bewitched	Stregato; Affascinato	Encantado
Entero/a	ganz	Entier	Entire, Whole	Intero	Inteiro
Entregar	abgeben	Remettre	To Deliver, To Hand	Consegnare	Entregar
Entretenerse	s. amüsieren	Se divertir	To Amuse Oneself	Intrattenersi	Entreter-se
Enviar	schicken	Envoyer	To Send	Inviare	Enviar
Esposo/a (el, la)	Ehemann/-frau	Epoux	Husband	Sposo	Esposo

ESPAÑOL	ALEMÁN	FRANCÉS	INGLÉS	ITALIANO	PORTUGUÉS
Estación (la)	Bahnhof	Gare	Station	Stazione	Estação
Evocar	wachrufen	Evoquer	To Evoke	Evocare	Evocar
Excusa (la)	Ausrede	Excuse	Excuse, Apology	Scusa	Desculpa, Perdão
Experimentado/a	erprobt	Expérimenté	Experienced	Con Esperienza	Experimentado
Experimento (el)	Experiment	Expérience	Experiment	Esperimento	Experiência
Experto/a	erfahren	Expert	Expert	Esperto	Especialista
Extraño/a	fremd	Etrange	Strange	Strano	Estranho

F

ESPAÑOL	ALEMÁN	FRANCÉS	INGLÉS	ITALIANO	PORTUGUÉS
Femenino/a	weiblich	Féminin	Feminine, Female	Femminile	Feminino
Feroz	grausam	Féroce	Fierce, Ferocious	Feroce	Feroz
Firmar	unterschreiben	Signer	To Sign	Firmare	Assinar

G

ESPAÑOL	ALEMÁN	FRANCÉS	INGLÉS	ITALIANO	PORTUGUÉS
Gana (la)	Lust	Envie	Desire, Wish	Voglia	Vontade
Gráfico (el)	Bild	Grafique	Graph, Diagram	Grafico	Gráfico
Grande	gross	Grand	Big, Large	Grande	Grande
Grito (el)	Schrei	Cri	Scream, Shout	Grido	Grito

H

ESPAÑOL	ALEMÁN	FRANCÉS	INGLÉS	ITALIANO	PORTUGUÉS
Historia (la)	Geschichte	Histoire	Story, History	Storia	História
Horario (el)	Arbeitszeit	Horaire	Time	Orario	Horário
Hormiga (la)	Ameise	Fourmi	Ant	Formica	Formiga

I

ESPAÑOL	ALEMÁN	FRANCÉS	INGLÉS	ITALIANO	PORTUGUÉS
Imitar	nachahmen	Imiter	To Imitate	Imitare	Imitar
Impreso (el)	Formular	Imprimé	Form	Modulo, Formulario	Formulário
Impuesto (el)	Steuer	Impôt	Tax, Duty	Tassa	Imposto
Impuntual	Unpünktlich	Non ponctuel	Unreliable	Non puntuale	Impontual
Independencia (la)	Unabhängigkeit	Indépandance	Independence	Indipendenza	Independência
Independiente	unabhängig	Indépandant	Independent	Indipendente	Independente
Influencia (la)	Einfluss	Influence	Influence	Influenza	Influência
Informar	berichten	Informer	To Inform	Informare	Informar
Inquietante	beunruhigend	Inquiétant	Worrying, Disturbing	Inquietante	Inquietante
Inseguridad (la)	Unsicherheit	Insécurité	Unsafeness, Insecurity	Insicurezza	Insegurança

J

ESPAÑOL	ALEMÁN	FRANCÉS	INGLÉS	ITALIANO	PORTUGUÉS
Junta (la)	Versammlung	Assemblée	Meeting, Board	Giunta	Junta, Reunião
Jurar	schwören	Jurer	To Swear	Giurare	Jurar
Justo/a	gerecht	Juste	Fair, Just	Giusto	Justo

L

ESPAÑOL	ALEMÁN	FRANCÉS	INGLÉS	ITALIANO	PORTUGUÉS
Lanzar	werfen	Lancer	To Throw, To Promote	Lanciare	Lançar
Leche (la)	Milch	Lait	Milk	Latte	Leite
Ley (la)	Gesetz	Loi	Law	Legge	Lei
Liberación (la)	Befreiung	Libération	Liberation, Release	Liberazione	Liberação
Libertador/-a (el, la)	Befreier	Libérateur	Liberator	Liberatore	Libertador
Lista (la)	Verzeichnis	Liste	List, Catalogue	Lista	Lista
Llenar	füllen	Remplir	To Fill	Riempire	Encher
Llorar	weinen	Pleurer	To Cry, To Weep	Piangere	Chorar
Lobo/a (el, la)	Wolf	Loup	Wolf	Lupo	Lobo
Lugarteniente/a (el, la)	Stellvertreter	Lieutenant	Deputy	Luogotenente	Lugar-tenente

M

ESPAÑOL	ALEMÁN	FRANCÉS	INGLÉS	ITALIANO	PORTUGUÉS
Mamá (la)	Mama	Maman	Mum, Mummy	Mamma	Mamãe
Manzana	Apfel	Pomme	Apple	Mela	Maçã
Marcha (la)	Marsch	Cours	March, Walk	Marcia, Velocità	Marcha
Marco (el)	Rahmen	Cadre	Frame, Mark	Marco, Cornice	Marco
Marido (el)	Ehemann	Mari	Husband	Marito	Marido
Mariposa (la)	Schmetterling	Papillon	Butterfly	Farfalla	Borboleta
Matrimonio (el)	Ehe	Mariage	Marriage, Couple	Matrimonio	Casal
Medida (la)	Mass	Mesure	Measure, Size	Misura	Medida
Mensaje (el)	Botschaft	Message	Message	Messaggio	Mensagem
Mercado (el)	Markt	Marché	Market	Mercato	Mercado
Mili (la)	Militärdienst	Service militaire	Military Service	Servizio Militare, Naja	Serviço militar
Ministerio (el)	Ministerium	Ministère	Ministry	Ministero	Ministério
Muerte (la)	Tod	Mort	Death	Morte	Morte
Mundial	Weltweit	Mondial	World - wide	Mondiale	Mundial

N

ESPAÑOL	ALEMÁN	FRANCÉS	INGLÉS	ITALIANO	PORTUGUÉS
Nariz (la)	Nase	Nez	Nose	Naso	Nariz
Negociación (la)	Verhandlung	Négociation	Negotiation, Deal	Negoziato, Trattativa	Negociação
Nombrar	nennen	Nommer	To Name, To Mention	Nominare	Nomear
Notar	bemerken	Remarquer	To Note, To Notice	Notare	Notar
Nube (la)	Wolke	Nuage	Cloud	Nuvola	Nuvem

O

ESPAÑOL	ALEMÁN	FRANCÉS	INGLÉS	ITALIANO	PORTUGUÉS
Observar	beobachten	Observer	To Observe, To Watch	Osservare	Observar
Ocupado/a	beschäftigt	Occuper	Busy, Taken	Occupato	Ocupado
Ojo (el)	Auge	Oeil	Eye	Occhio	Olho
Oler	riechen	Sentir	To Smell	Annusare, Fiutare	Cheirar
Orden (el)	Ordnung	Ordre	Order	Ordine	Ordem
Oreja (la)	Ohr	Oreille	Ear	Orecchio	Orelha

P

ESPAÑOL	ALEMÁN	FRANCÉS	INGLÉS	ITALIANO	PORTUGUÉS
Pago (el)	Zahlung	Paiement	Payment	Pagamento	Pagamento
Parar	anhalten	Arrêter	To Stop	Fermare	Parar
Particular	besonders	Particulier	Private, Special	Particolare, Privato	Particular
Pedido (el)	Bestellung	Commande	Order	Richiesta, Ordine	Pedido
Personalidad (la)	Persönlichkeit	Personnalité	Personality	Personalità	Personalidade
Planificación (la)	Planung	Plannification	Plannying, Scheduling	Pianificazione	Planificação
Pobre	arm	Pauvre	Poor	Povero	Pobre
Posguerra (la)	Nachkriegszeit	Après-guerre	Postwar Period	Dopoguerra	Pós-guerra
Preparación (la)	Vorbereitung	Préparation	Preparation	Preparazione	Preparação
Prever	voraussehen	Prévoir	To Forsee, To Anticipate	Prevedere	Prever
Proclamar	ausrufen	Proclamer	To Proclaim	Proclamare	Proclamar

ESPAÑOL	ALEMÁN	FRANCÉS	INGLÉS	ITALIANO	PORTUGUÉS
Propiciar	begünstigen	Rendre propice	To Propitiate	Propiziare	Propiciar
Proponer	vorschlagen	Proposer	To Propose	Proporre	Propor
Propuesta (la)	Vorschlag	Proposition	Proposal	Proposta	Proposta
Propugnar	verfechten	Défendre	To Advocate	Propugnare	Propugnar
Puerta (la)	Tür	Porte	Door	Porta	Porta

Q	Q	Q	Q	Q	Q
Quiebra (la)	Konkurs	Faillite	Bankruptcy, Failure	Bancarotta	Quebra, Falência

R	R	R	R	R	R
Radio (la)	Rundfunk	Radio	Radio	Radio	Rádio
Recado (el)	Nachricht	Comission	Message	Messaggio, Avviso	Recado
Recordar	erinnern	Rappeler	To Remember	Ricordare	Lembrar
Reencuentro (el)	Wiedertreffen	Retrouvailles	Reencounter	Rincontro	Reencontro
Relación (la)	Beziehung	Relation	Relationship	Relazione	Relação
Relatar	berichten	Raconter	To Relate, To Report	Narrare, Riferire	Relatar
República (la)	Republik	République	Republic	Repubblica	República
Resultado (el)	Ergebnis	Résultat	Result, Effect	Risultato	Resultado
Resumen (el)	Zusammenfassung	Résumé	Summary	Riassunto	Resumo
Retirar	zurückziehen	Retirer	To Retire	Ritirare	Retirar
Retratar	aufnehmen	Faire le portrait	To Portray	Fare il Ritratto di	Retratar
Reunirse	s. versammeln	Se réunir	To Reunite	Riunirsi	Reunir-se
Revelar	entwickeln	Révéler; Développer	To Reveal	Rivelare; Sviluppare	Revelar
Rogar	bitten	Prier	To Beg; To Ask For	Pregare, Richiedere	Rogar
Ronquido (el)	Schnarchen	Ronflement	Snore	Ussare	Ronco
Ruego (el)	Bitte	Prière	Request	Preghiera	Súplica

S	S	S	S	S	S
Sabiduría (la)	Weissheit	Sagesse	Wisdom, Knowledge	Saggezza	Sabedoria
Saldo (el)	Guthaben	Salaire	Balance	Saldo	Saldo
Saltar	springen	Sauter	To Jump	Saltare	Saltar
Seguro/a	sicher	Sûr	Sure, Safe	Sicuro	Seguro
Servidumbre (la)	Dienstbarkeit	Esclavage	Servitude, Servants	Servitù	Servidão
Sincero/a	ehrlich	Sincère	Sincere	Sincero	Sincero
Sociedad (la)	Gesellschaft	Société	Society	Società	Sociedade
Solo/a	allein	Seul	Alone, Single	Solo	Só
Soporte (el)	Träger	Support	Support	Supporto	Suporte

T	T	T	T	T	T
Tijeras (las)	Schere	Ciseaux	Scissors	Forbici	Tesouras
Tío/a (el, la)	Onkel/Tante	Oncle/Tante	Uncle/ Aunt	Zio	Tio
Trabajador/-a (el, la)	Arbeiter	Travailleur	Worker	Lavoratore	Trabalhador
Transferencia (la)	Überweisung	Virement	Transference	Bonifico, Passaggio	Transferência
Transmitir	übertragen	Transmettre	To Transmit	Trasmettere	Transmitir
Tripa (la)	Bauch	Ventre	Intestine, Tripe	Pancia, Trippa	Barriga, Tripa
Triste	traurig	Triste	Sad	Triste	Triste
Tumbar(se)	hinlegen	Se coucher	To Lie Down	Far Cadere, Sdraiarsi	Deitar(se)

U	U	U	U	U	U
Unión (la)	Verbindung	Union	Union	Unione	União

V	V	V	V	V	V
Vigoroso/a	kräftig	Vigoureux	Vigorous, Strong	Vigoroso	Vigoroso
Virreinato (el)	Vizekönigtum	Vice-royauté	Viceroyalty	Vicereame	Vice-reinado
Voz (la)	Stimme	Voix	Voice	Voce	Voz

SUMARIO